NASCIDAS PARA VENCER

ESCOLHIDAS E POSICIONADAS PARA GOVERNAR E BRILHAR

EDITORA
CHAVE MESTRA®

Título original em Português:
Nascidas para vencer -
Escolhidas e posicionadas para governar e brilhar

Direção editorial: Raquel Medeiros
Revisão: Híllona Anjos
Assistente editorial: Amanda Oliveira
Diagramação: Weslei Eugênio
Branding de capa: Sergio Macceddo

O conteúdo desta obra é de total responsabilidade dos autores e não reflete necessariamente a opinião da editora.

Dados Internacionais de Catalogação na Publicação (CIP)

Vale, Rogério (Organizador)
V149 Nascidas para vencer: escolhidas e posicionadas para governar e brilhar / Rogério Vale – Barueri, SP: Chave Mestra Editora, 2022.
240 p. : 16 x 23 cm

ISBN 978-65-84979-60-4

1. Desenvolvimento pessoal. 2. Mindset. 3. Negócios. 4. Riqueza.
5. Sucesso nos negócios. 6. Atitude. I. Título.

CDD 158.1

EDITORA
CHAVE MESTRA®

S U M

R I O

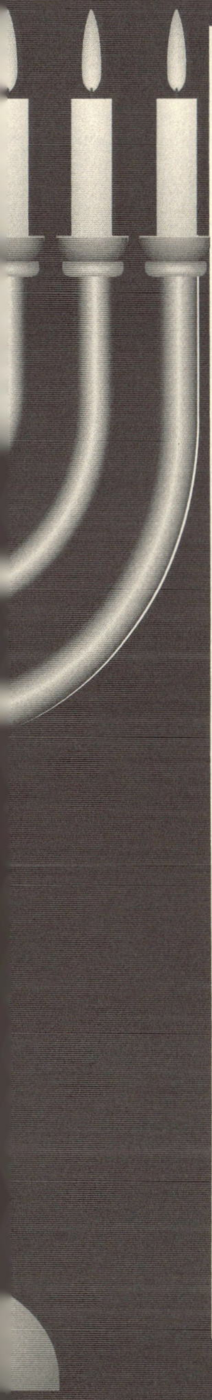

PREFÁCIO

Todas nós nascemos sob uma nova perspectiva vitoriosa, que nos foi oportunizada por Jesus Cristo, através da sua obra e sacrifício na cruz. N'Ele, "Somos todas mais que vencedoras", título do primeiro livro que organizei com outras 29 mulheres e que antecede essa obra. Lá, discorremos sobre quando aceitamos Jesus como único Senhor e Salvador, nascemos como mais que vencedoras e ativamos nosso destino profético.

O objetivo principal desse livro é levar mulheres de todas as nações a conhecerem a Deus e a sua verdade, e também viverem essa nova realidade em um nível mais profundo: somos "NASCIDAS PARA VENCER".

Não se trata de vender ou ler mais um livro, mas é sobre empoderar você para ser aquilo que Deus te criou pra ser: NASCIDA PARA VENCER e incentivar outras mulheres a viverem poderosamente seu chamado.

Para essa obra divina acontecer, chamei um grupo de mulheres que, assim como você, foram "escolhidas e posicionadas para governar e brilhar". Algumas foram minhas mentoradas, outras amigas e parceiras de caminhada, mas acima de tudo, mulheres com chamados pra potencializar outras mulheres ao redor de nações, através de suas histórias. E eu as chamei, porque acredito que a plenitude está na pluralidade.

Afinal, escrever um livro é ir além do que vivemos, é transbordarmos quem nos tornamos depois do que vivemos. É dar continuidade ao que Deus tem feito, através da sabedoria gerada durante um testemunho. Existe um plano de Deus para as nações! E Ele conta conosco pra realizá-lo.

Dentro dessa perspectiva de um grande movimento, esse livro é para mulheres que buscam ou encontraram seus chamados. Quando você encontra seu chamado, sabe selecionar quem estará perto de você, que livros vai ler, que programas vai assistir, que frequências vai trafegar! E decide definitivamente se responsabilizar pela sua cura e, consequentemente, pela sua vitória.

E isso não dá pra terceirizar, se vitimizando ou se sabotando. É tempo de assumir a responsabilidade e vencer. E isso não tem a ver com você ser ou não ser uma mãe ou uma empresária, não é isso que define se você é ou não uma vencedora.

Se nossa existência tem como ponto de partida a vitória de Cristo naquela cruz, por que nosso destino seria diferente? Porém, para acessamos a plenitude de todas as infinitas possibilidades de vitória, precisamos nutrir nosso espírito, aprender a ouvir a palavra de Deus e entender os princípios de uma vida vitoriosa.

"Não por força nem por violência, mas sim pelo meu Espírito, diz o Senhor dos Exércitos."
Zacarias 4:6

Para o espírito fluir, o corpo tem que estar forte e a alma limpa. Esse livro vai te equipar pra isso.

Quando esse livro surgiu, o Senhor dos Exércitos me deu uma visão, através do candelabro, representando os 7 espíritos de Deus, representando a luz do mundo e a plenitude do Espírito Santo. Essa obra representa a vitória da luz que há em você sobre a escuridão que te acompanhou até aqui, vinda de questões externas. Se seu destino havia sido profanado, se você foi desencorajada, desrespeitada, saiba: chegou a hora da reconquista do seu território interno, do espírito que habita aí dentro de você.

"E repousará sobre ele o Espírito do Senhor, o espírito de sabedoria e de entendimento, o espírito de conselho e de fortaleza, o espírito de conhecimento e de temor do Senhor." Isaias 11.2

Quando você está conectado aos 7 Espíritos de Deus derramados sobre você, então você desfrutará de uma plena manifestação do Espírito Santo na sua vida.

Precisamos, de uma vez por todas, nos posicionar em nossos devidos lugares. Só então poderemos ver a plena manifestação da glória de Deus cobrindo as nações.

Esse livro é uma profecia: Você é NASCIDA PARA VENCER. E também uma direção: Vá e vença!

"Assim resplandeça a vossa luz diante dos homens, para que vejam as vossas boas obras e glorifiquem a vosso Pai, que está nos céus". Mateus 5:16

Meu desejo é que você saia desse livro com um novo nível de autoridade e graça pra vencer, brilhar, governar e prosperar. Esse livro é mais que um transbordo na sua vida, ele é uma necessidade nesse tempo tão desafiador.

Que nossos corações estejam abertos para essa obra e tudo o que o Espírito Santo irá ministrar na sua vida através de cada autora. E que cada um dos 7 Espíritos de Deus, representados aqui pelas 7 lâmpadas da capa, sejam seus aliados nessa leitura e transformação.

Alessandra Nascimento

Me chamo Alessandra Nascimento, sou casada com Heber Nascimento, temos duas filhas, Larissa e Isabelly, sou pastora junto com meu esposo, sou também idealizadora da Mentoria Devocional, que tem por finalidade instruir pessoas com passos práticos para um bom aproveitamento do tempo devocional e conscientizar da importância de um relacionamento com Deus, sabendo que buscar o Reino em primeiro lugar é prioridade e quando as prioridades estão invertidas, o caos se instala.

Formada e atuante na área terapia emocional, pelo Instituto Brasileiro de Formação de Terapeutas (IBFT), e especialista em TRG (Terapia de Reprocessamento Generativo).

ale.nnascimento

+55 (47) 99943-2094

ale.sfs@hotmail.com

01 UMA DOR TRANSFORMADA EM PROPÓSITO

POR ALESSANDRA NASCIMENTO

"Você abortou um projeto, mas ainda tem útero!"

Ouvi essa frase em um dia, no banho, me lembrando de um projeto que Deus tinha me dado em 2017 e que eu decidi abandonar, ou seja "abortar".

Não nasci em um lar cristão, mas meus pais eram simpatizantes de uma igreja evangélica e em um culto, minha mãe impulsionada por Deus, me entregou para a obra missionária, tendo como justificativa achar lindo o termo "missionária".

Aos 15 anos, tive realmente um encontro com o Senhor e com 19, me casei com um missionário e automaticamente me tornei uma. Com um mês de casados, viajamos ao interior do Amazonas com meu esposo, para juntos servirmos à igreja, pois era seu campo de trabalho. Eu amo missões, afinal eu sou uma oferta de missões; mas só amar não é suficiente para cumprir o chamado e foi nesse período que um misto de sentimentos e questionamentos me invadem: "Será que fiz a escolha certa? Será que Deus realmente me chamou? Será que é isso o que eu realmente quero?"

A vida com Jesus não é um mar de rosas, servir a igreja também não, e para isso, Ele nos alertou "*No mundo tereis aflições, mas tende bom ânimo; eu venci o mundo.*" (João 16.33), mas também nos fez uma promessa: "*E eu estarei sempre com vocês, até o fim dos tempos.*" (Mateus 28.20b).

Muitas dificuldades vieram pelo caminho, sendo elas financeiras, enfermidades e também emocionais, mas a pior de todas, para mim, foi emocional. Minhas emoções não se tornaram doentes na obra missionária, nesse período elas foram potencializadas pelas diversas dificuldades. Aquilo que já existia dentro de mim, mas estava camuflado, começou a vir para fora através de falas e comportamentos que não eram comuns, ou eu pensava que não.

Quatro anos depois, em 2003, fizemos o que podemos chamar de "parada forçada", saímos da obra, e fomos viver a nossa vida "normal". Tivemos nossa primeira filha, Larissa, que é um milagre, contrariando diagnósticos médicos de que eu não poderia ter filhos. Dois anos após o nascimento dela, fomos servir no administrativo da igreja, onde servimos por aproximadamente 4 anos; nesse período, engravidei da nossa segunda filha, Isabellly e aos 7 meses de gestação, fui impactada pelo Senhor me chamando para voltar ao campo.

Fomos convidados pelo nosso pastor para atuarmos como pastores locais, 3 dias depois de o Senhor nos convocar novamente. Nunca vou esquecer a fala dele: "O Espírito Santo não me deixou dormir essa noite, dizendo que se vocês não voltarem para a obra, vocês vão morrer". Eu sabia que era Deus e era essa a sensação que eu vivia, como a de morte, porque não tem nada mais vivificante do que estar no centro da vontade de Deus, cumprindo o propósito.

Morando em São Francisco do Sul/SC, em janeiro de 2012 nasceu em mim uma vontade de voltar ao Amazonas, uma saudade de um povo que eu não conhecia e eu sabia que teria que retornar, pois o propósito de Deus para minha vida naquele lugar não tinha sido completado. Em agosto do mesmo ano, estávamos retornando para o campo. Mesmo com toda a vontade e consciência dos desafios que viriam, isso não me impediu de em 2017 querer desistir novamente, digo que foi um ano muito difícil, muitas frustrações, decepções com pessoas, comigo mesma, com o ministério, a vontade era de voltar para a minha cidade, mas eu não podia alimentar essa vontade, afinal, crianças vivem de vontades e adultos de responsabilidades, ou seja, não podia repetir o erro de anos atrás, tinha consciência da oportunidade que Deus havia me dado e não podia desperdiçá-la.

Mesmo neste ano difícil, fui impulsionada a trabalhar com mulheres sobre vida devocional, eu sabia da importância de um relacionamento aprofundado em Deus, já tinha tido várias experiências com Ele e queria que outras pessoas vivessem o mesmo. Comecei um projeto em um grupo fechado, que durou 20 dias e então decidi parar; eu não entendia que não eram as pessoas, mas era eu que tinha muitas pendências emocionais não resolvidas, afinal, o problema maior não é o que fazem com você, mas a maneira como você interpreta o que fizeram. E mais uma vez os projetos de Deus que cabiam a mim executar se tornaram reféns das minhas emoções.

Em 2018, comecei a ser ministrada através de algumas pessoas e a entrar em um processo de cura. Ao final deste mesmo ano, esse versículo me trouxe uma resposta para minhas frustrações e tudo começou a fazer sentido: "*Tudo o que fizerem, façam de todo coração, como para o Senhor, e não para os homens.*" (Colossenses 3:23). Entendi, sendo ministrada por esse versículo que, quando eu faço com expectativa em homens eu serei frustrada, mas para Ele e n'Ele, jamais viverei esse sentimento.

No ano seguinte, em uma manhã de devocional, Deus fala ao nosso coração que nosso ciclo naquele lugar havia encerrado, então em julho de 2019 retornamos para minha cidade. Alguns meses depois, eu não imaginava que minha vida passaria por uma reviravolta, no banho em uma noite, comecei a lembrar do projeto com mulheres sobre vida devocional, senti uma tristeza profunda e em lágrimas comecei a pedir perdão ao Senhor por ter abortado esse projeto, foi quando ouvi a frase que deu início a esse capítulo: "*Você abortou um projeto, mas ainda tem útero*". Ainda sem entender direito o que realmente aquilo significava, saí do banho e entrei no "lugar secreto" e as coisas começaram a se revelar, e assim surgiu a Mentoria Devocional, eu mal podia acreditar que Deus estava me dando algo que iria impactar a vida de tantas pessoas.

Eu sempre fui ativa, mas sempre desenvolvendo algo para os outros, nunca me achei capaz de ter algo exclusivo meu, me achava uma improvável, e foi isso que ouvi durante muito tempo na minha vida, essas mentiras entraram em meu coração vestidas de verdades e eu não sabia lidar de outra forma a não ser acreditando nelas. Mas enfim, eu sentia que algo diferente estava acontecendo e eu estava muito feliz com essa nova possibilidade, então, junto com essa revelação, outra veio logo em seguida: Deus trouxe luz em uma manhã com Ele, essa luz revelou algo nas minhas emoções e descobri uma raiz de rejeição, e essa raiz foi o motivo de tanta dor durante minha trajetória.

Quando as pessoas não me validavam, quando não acolhiam uma ideia minha, eu me sentia rejeitada, mas eu não conseguia dar nome a esse sentimento e o comportamento era muitas vezes de raiva seguida de desistência, e neste dia, quando Sua luz brilhou, revelando o motivo de tanta frustração, eu sabia que Ele estava revelando não somente para que eu não abortasse mais os projetos, mas também para que o lugar da minha dor se tornasse meu propósito. Quando uma ferida é curada, restam cicatrizes e são essas cicatrizes que nos dão autoridade para sermos agentes de cura na vida de pessoas que estão vivendo as mesmas dores que outrora vivemos.

Ali, entendi que eu precisava de ajuda para que essa raiz fosse curada, passei por processos de coaching que me trouxeram mudanças muito significativas, até descobrir a formação da TRG (Terapia de Reprocessamento Generativo), passei pelas 5 fases dessa terapia e me tornei terapeuta emocional pelo IBFT (Instituto Brasileiro de Formação de Terapeutas)

Hoje, auxílio meus clientes/pacientes a identificarem as raízes, ou seja, dores e traumas emocionais que geralmente se dão na infância e adolescência, afinal "*o que acontece na infância, não fica na infância*" (autor desconhecido), mas acabam, de forma inconsciente, gerando comportamentos disfuncionais na vida adulta.

Amo essas ferramentas, amo a maneira como Deus nos oportuniza ajudar pessoas em seus processos dolorosos através da terapia, mas de forma alguma posso ignorar que foi o fato de desenvolver um relacionamento profundo com Deus através das práticas devocionais, que trouxeram clareza das raízes que estavam determinando meus sentimentos e consequentemente meus comportamentos.

Cada encontro com Ele é uma experiência nova, que me dá a certeza do seu grande amor. Ele poderia me deixar morrer em meio ao caos, mas seu amor é incondicional e imutável, e mesmo sabendo quem sou, escolheu me amar. Lembre-se de uma coisa: não há nada que possamos fazer para que Ele nos ame mais ou deixe de nos amar, Ele simplesmente ama e isto é suficiente.

Hoje sigo com muitos desafios, mas eles não me paralisam, e estar hoje compartilhando um pouco da minha história com você, só está sendo possível porque primeiro eu entendi que é o Senhor que me chama, cura e sustenta e n'Ele eu tenho um lugar seguro, apesar de tudo.

Talvez você se identifique com minha história, talvez você, assim como eu, tenha abortado algo que o Senhor te deu. Talvez, nesse exato momento, Deus esteja mexendo com você e trazendo luz em áreas mortas da sua vida, ou quem sabe você se encontre como no "vale de ossos secos", descrito em Ezequiel 37, mas o Senhor pode mudar essa história.

Quero encorajar você a desenvolver um relacionamento com Deus, através de um tempo devocional, comece seu dia entregando as primícias do seu tempo para Ele, receber as instruções logo pela manhã fará toda a diferença no seu dia. "*Ele me acorda manhã após manhã, desperta meu ouvido para escutar como alguém que está sendo ensinado.*" Isaias 50.4b.

Assim como Deus falou a Jeremias (Jr.1:5) "*Antes de formá-lo no ventre, eu o escolhi; antes de você nascer, eu o separei e o designei profeta às nações*". Essa palavra serve para nós também, Deus não nos forma para depois pensar onde vai nos usar, ele já tem um propósito, um projeto e nos cria para tal, então se aproprie dessa verdade, busque Nele os recursos necessários para cumprir seu chamado.

Deus é o maior interessado em você e não vai desperdiçar sua história, tudo tem um propósito, e o propósito é maior que nós. Se permita ser curado, para que você cumpra o propósito de Deus nesta terra e seja um agente de transformação e cura para outras pessoas.

O projeto de Deus não pode ser refém das nossas emoções.

Alessandra Nascimento

Andréia Barbosa

Sou Andréia Barbosa, cristã, esposa do Paulo H. dos Santos, mãe do Paulo H. dos Santos Filho e da Valentina B. dos Santos, filha de Noé e Graciosa, irmã de Fabiana, Geraldo e Wilian.

Compositora, palestrante, formada em Administração, com 30 anos de experiencia em Gestão Pública Municipal, atuo há 2 anos como mentora de mulheres. Criadora do Método Posicione-se e Gera, que ajuda mulheres a se posicionarem e gerarem uma nova vida. Especialista em devocional, identidade com propósito.

Formação em *Professional & Self Coach, Leader Coach, Life Coach* e analista comportamental pelo Instituto Brasileiro de Coach (IBC).

À disposição para uma conexão forte com o Espírito Santo.

eusouandreiabarbosa

+55 (16) 99279-2183

andreiabarbosaoficial

barbosaacbs@gmail.com

02 DESPERTAR COM O ESPÍRITO SANTO

POR ANDRÉIA BARBOSA

Quando nos colocamos diariamente à disposição de Deus, o Espírito Santo é quem nos conecta com a "Presença". Passei 48 anos da minha vida ouvindo as pessoas dizerem que Jesus e o próprio Deus falavam através do coração delas, muitas vezes até pensava que as pessoas estavam loucas, achava estranho, pois desde muito pequena até me tornar adulta, eu falava com Jesus e até com Deus, mas logo saía correndo para cumprir os compromissos do dia a dia.

Quantas vezes saí e me lembrei de falar com o Senhor no meio do caminho ou deixava para a hora de dormir. Me remetendo nas lembranças daquele tempo, eu tinha mesmo era vontade de ouvir a voz de Deus como as outras pessoas ouviam e acessar essa "Presença". Conheci Jesus na igreja católica e agradeço, pois, ela me deu uma base para acessar milagres que marcaram minha vida, mas frequentava a igreja aos domingos e achava que era o suficiente, nos outros dias eu falava com Deus e não parava para ouvi-lo, mas com a pandemia eu comecei a buscar constantemente essa voz que muitos ouviam.

Em setembro de 2021 tudo mudou, quando eu recebi o meu chamado e disse meu "Sim, Eis me aqui, Senhor!", não era um sim para Jesus, pois já o conhecia, ele já era o nosso refúgio nas aflições, em todos os lugares que passamos fomos em busca d'Ele, mas era um sim para ouvi-lo diariamente e tudo aconteceu assim: eu, minha irmã e meu cunhado, compramos a Conferência Destino, pensando que era uma conferência para empresários, recebemos a programação e fomos surpreendidos: ela era toda voltada à área cristã, seria para evangélicos e não somente sobre empreendedorismo. De imediato minha irmã me disse para desistirmos e eu concordei, achamos naquela hora que havíamos comprado errado. Não queríamos saber da Bíblia e sim, empreender nos negócios, pois não sabíamos nem o que significava dizer "Aleluia", "Glória a Deus". Então minha irmã me disse que iria dar muito trabalho cancelar na administradora do cartão, pensamos em outra saída e nada, até que decidimos ir e fomos com a certeza que Deus nos apresentaria o real motivo de nós estarmos naquele lugar.

Ah! No primeiro dia de conferência Deus já nos respondeu o porquê Ele nos levou naquele lugar, era uma atmosfera profética que tomava conta de nós, passamos 3 dias na conferência e chegamos à conclusão que não foi comprada por engano nosso, mas sim, tudo tinha sido preparado por Deus para realizar (despertar?) o nosso chamado. Voltamos e colocamos em prática uma vida diária de ensinamento com Deus, mudamos nossa maneira de falar com Deus e de orar e como já fazia 30 anos que eu não lia a Bíblia, só deixava de enfeite em casa aberta no salmo 91, surgiram muitas perguntas, até que eu decidi procurar uma igreja evangélica e foi a Igreja Lagoinha em Serrana/SP, minha cidade, a mesma que foi realizada a Conferência Destino, para buscar estudo e entendimento bíblico.

As respostas foram vindo, o processo é árduo, mas a recompensa vem, até mesmo a voz de Deus foi brotando nessa conexão diária com Ele, eu me sentia o galho da própria videira: "E*u sou a videira, vós as varas: quem está em mim, e eu nele, esse dá muito fruto; porque sem mim nada podeis fazer.*" (João 15:5). Deus foi me podando e eu fui brotando para uma nova vida.

Tenho hoje um lugar secreto e busco a "Presença" d'Ele todos os dias no nosso devocional, me posicionei e comecei a gerar uma conexão com Deus de falar e ouvi-lo, mergulhei fundo no estudo da Palavra, sentia muita fome e sede de aprender mais e mais, diariamente fui aprendendo que Jesus e o próprio Deus fala conosco através de várias situações, basta que estejamos em obediência em todos os momentos. Ele fala também através de pregação, vídeos, mensagens que nós recebemos e muitas vezes nem vamos consultar o versículo mencionado, uma palavra que alguém vem nos trazer, se estamos disponíveis a Ele, o Espírito Santo nos acessa.

Vivendo todo esse processo, em 2022 fomos para Conferência Modeladas em Brasília e durante uma pregação do pastor argentino Victor Hugo, houve o momento de revelação do Espírito Santo e naquele momento eu orando, ouvi uma voz doce dizendo "Andréia eu preciso de você na madrugada, nações". Continuei orando e ouvi novamente a mesma voz, olhei para todos os lados e disse olhando para o alto, no meu pensamento: "Senhor, eu que gosto tanto de dormir, é o Senhor que me chama? É o Senhor que fala comigo?" Porque poderia ser coisa da minha mente e naquele momento me veio a ideia de pedir um sinal para eu ter a certeza de que não era minha mente; e o sinal que eu pedi foi para que Deus me colocasse na minha frente uma bandeira que estivessem impressas nela as seguintes especificações: o leão da tribo de Judá e, se tratando de nações, que tivesse também a estrela de Israel (porque é meu sonho conhecer esse país) e a bandeira do Brasil.

Terminando a pregação, fomos para o *coffee break* e eu pensando: "Será que é o Espírito Santo que me chamou? Ou é minha mente?" E mantive segredo. Ao sair do espaço onde estava sendo realizado o *coffee break*, me deparo de frente à porta com duas moças conversando e rindo, uma delas com uma bandeira igual a que eu havia pedido o sinal ao Espírito Santo. Naquela hora, minha saliva secou, fiquei gelada e tive com esse sinal a certeza que era a voz do próprio Espírito Santo que eu havia ouvido.

Voltei para casa muito pensativa e a partir da primeira noite que dormi na minha casa, não mais consegui dormir uma noite inteira, meu compromisso era tão grande que eu colocava o despertador as 3 horas para orar na madrugada, eu clamava, suplicava para que eu pudesse aprender exatamente o que o Espírito Santo de Deus queria me ensinar algo naquele processo, eu sempre dizia: "Senhor, o que queres de mim? Faça de mim segundo a tua vontade, ó, Pai." Meu esposo fazia as orações do jeito dele e se eu falasse da palavra de Deus perto dele, ela já arrumava uma desculpa para sair de perto e eu com muita paciência, sempre convidava novamente.

Em uma noite, eu falei ao Espírito Santo: "Estou orando na madrugada, mas faz primeiro a transformação no meu esposo, na minha casa". Na mesma semana, em uma madrugada, fui atendida, durante uma *live* eu orando e falando da palavra de Deus, ele apareceu na porta todo trocado e veio ao meu encontro. Foi sobrenatural convencer aquele homem a orar em público, só através do sobrenatural de Deus. Oramos todos juntos, eu, meu esposo e meus filhos, isso se tornou um hábito na minha casa.

Em uma noite, às 3 horas, fui acordada, foi o "Despertar com o Espírito Santo", eu estava ouvindo fortemente uma música no meu ouvido, nunca tinha ouvido ela, parei para orar e não conseguia, só ouvia a música com a melodia com todas as percussões, todo o arranjo pronto e afinado. No momento sem entender completamente, decidi pegar o celular e gravar, eu cantei a música da mesma forma que ela estava sendo reproduzida nos meus ouvidos; depois de gravada, escrevi, quando terminei, olhei e entendi que era a letra de uma música que eu nunca havia ouvido antes, minha reação foi guardar, não contei para ninguém, pensei que poderiam me achar louca.

Eu e a minha irmã estávamos traçando as diretrizes do projeto ACC "Alta Costura Cristã", projeto que o Espírito Santo entregou a minha irmã Fabiana Barbosa, cuja história está relatada no capítulo de autoria dela neste livro. Em meio a esse processo, estávamos procurando alguma música que falasse sobre as vestes brancas; em uma das nossas reuniões sobre o projeto, minha irmã ressaltou que precisávamos nos apressar com a escolha da música e eu envergonhada mostrei a gravação da música a ela e disse para ela não rir; ela ouviu e me disse: "Andréia, essa música é o louvor que o Espírito Santo trouxe para nós colocarmos no nosso projeto, não precisamos procurar mais, é essa!" Naquele momento eu entendi, era um louvor que o Espírito Santo tinha soprado nos meus ouvidos, para o nosso projeto e que esse louvor iria alcançar não só nossas vidas, nossas famílias, mas também a vida e famílias de outras pessoas e creio que Deus vai soprar esse louvor para o mundo, por isso ouvi a palavra "Nações".

Ouvindo prontamente a voz de Deus, pedimos para os nossos sobrinhos Vinicius Barbosa que é músico e nossa sobrinha Maria Vitoria Barbosa - pois eles cantavam e há muito tempo tinha aposentado o violão e os sonhos - para colocarem a melodia nesse louvor, eles aceitaram e o que parecia ser difícil colocar melodia em uma música (quem é profissional na área sabe que não é tão fácil) e mais uma vez ficou claro que com o Despertar do Espírito Santo, o sobrenatural acontece de forma natural. Em dois dias, meus sobrinhos já estavam cantando a música, em seguida parti para o processo de certificação dos direitos autorais e em maio de 2023 já estava registrada com o nome "YESHUA". Eu desejo de todo o meu coração que ao ouvirem essa música, as pessoas possam também se vestirem das vestes brancas para receber Jesus, que como na minha família, muitas outras famílias sejam revestidas do Espírito Santo e verdadeiramente transformadas, que os corações sejam alvejados e alcançados pela presença e a misericórdia do nosso Senhor Jesus Cristo.

Recebi o meu chamado, houve o "Despertar com o Espírito Santo", vivo na "Presença", a voz de Deus permanece como bálsamo em meus ouvidos, me coloco à disposição de Deus para ser um canal de benção na vida de outras pessoas.

Então, busque no Senhor, todos os dias, com todas as suas forças e creia que Ele faz infinitamente mais. Mude sua história hoje, reaja, em obediência: "*Buscai primeiro o Reino de Deus, e a sua justiça, e todas estas coisas vos serão acrescentadas*" (Mateus 6:33). Com o Despertar do Espírito Santo, o sobrenatural acontece de forma natural.

Escreva e recite todos os dias: "Espírito Santo desperte em mim" e você, como eu, ouvirá a verdadeira voz de Deus e permaneceremos juntas conectadas na "Presença".

Quer gravar essa música "YESHUA", ou compartilhá-la? Acesse o QR Code que está na minha apresentação e nos conecte através dos contatos.

Com o Despertar
do Espírito Santo, o
sobrenatural acontece de
forma natural.

Andréia Barbosa

Pra. Angélica Farinazzo

Angélica Farinazzo, 48 anos, filha de Deus, formada em teologia pela UMESP. Pastora na igreja Metodista em Parque Paulista, palestrante, pregadora da Palavra de Deus, com experiência nas áreas de intercessão, família e identidade espiritual. Tenho um desejo intenso de ver minha geração impactada pelo poder do Espírito Santo.

Como criadora do projeto Detox Mulheres, exerço mentoria e conferências, auxiliando mulheres a se posicionarem como filhas de Deus; tenho avançado no propósito, treinando e incentivando outros projetos.

Casada há 32 anos com meu companheiro no ministério, o Evangelista Cléber Farinazzo, sou mãe de Cléber Farinazzo Junior e Lucas Farinazzo, com muito orgulho! Filha de Graça e Milton, me sinto feliz e grata ao Senhor.

À disposição para colaborar com você, contatos:

pra.angelicafarinazzo

angelicafarinazzo@gmail.com

03 MENINAS BRINCAM & MULHERES GOVERNAM

POR PRA. ANGÉLICA FARINAZZO

Ester 2:17 diz: "*Por isso ele decidiu colocar sobre a cabeça de Ester a coroa real da Pérsia e a constituiu rainha em lugar de Vasti.*"

Que história fascinante nesse tempo de posicionamento, porque Deus não entrega o governo a meninas imaturas. Deus não quebra princípios, como pai ele vai gerar em meio aos processos a estrutura que você precisa pra sustentar e viver o propósito.

Tive que aprender esse conceito muito cedo! Quando me converti ao Senhor Jesus não imaginava o quanto eu precisaria amadurecer pra governar áreas da minha vida que até então eram apenas páginas rabiscadas por decisões de uma menina. Fui mãe aos 16 anos e na sequência virei a esposa, hoje tenho 32 anos de casada, mas foi assustador descobrir que a dona de casa era eu, que ironia era essa!? Uma menina brincando de casinha em uma história muito real.

Ciumenta e com medos que assombravam os meus sentimentos, que não me deixavam em paz, coisas do tipo: e se eu fosse abandonada? E se eu fosse trocada? E se eu não fosse a mãe que os meus filhos precisavam? Eu tinha que mostrar que eu dava conta de tudo isso e, ao mesmo tempo, continuar sobrevivendo com a menina assustada dentro de mim. Eu aprendi que Deus não queria que eu provasse nada! Eu só precisava ser moldada na mulher que me tornei, e acredite, a obra ainda não acabou! Deus estava me chamando pra crescer. Nunca fui um equívoco, eu era um propósito!

Descobri na minha trajetória que os meus "erros" e minhas "limitações" eram de uma menina em construção, uma peça de metal bruto, amolecida pelo fogo das circunstâncias que me desafiaram a mudar. Sim, eu passei pelo martelo da forjadura em muitas experiências com Deus, precisei permitir que o ferreiro me desse a forma que ele queria. Aprendi a renunciar, a ser a esposa idônea, tive que parar de brincar de boneca pra assumir que eu era a mãe.

Eu encontrei na minha conversão a doçura desafiadora da dependência e da entrega a Deus. Preciso te dizer algo que vai mudar a sua ideia em relação a sua postura dentro e fora da sua casa, na sua igreja ou na sua família. Entenda: Deus não entrega governo a meninas! Unção (habilitação) de governo é uma conquista!

A minha história é uma versão atualizada de uma Hadassa que virou rainha, é sobre isso que eu quero falar com você, existe dentro de cada mulher um comportamento que vai denunciar o nível de maturidade dela. Eu entendi que para a Hadassa governar, Vasti terá que ser deposta; falo de ações e decisões, de um comportamento que denuncia, e talvez isso incomode algumas de nós, mas entenda que não existe afinidade entre a postura delas: vejo na Vasti da história, a rainha "menina" que perdeu a coroa, e na Ester, uma Hadassa "mulher", que se tornou rainha. Você está entrando em um novo ciclo, há um chamado para que você se desafie e acesse as possibilidades do Céu de forma madura. Seja uma mulher intencional, ainda que sensível, posicionada, ainda que tenha limitações.

Esse capítulo é um despertamento para mulheres de governo, se olhe no espelho e perceba que a menina cresceu! Convoque a mulher que já está dentro de você pra tomar o lugar que é dela, você nasceu pra brilhar! Sim, eu sou o que chamariam de improvável, não falo isso como um chavão nas prateleiras do gospel. Na verdade, eu não tinha muitas expectativas em relação a mim mesma, fazer faculdade, pastorear, falar pra diversas faixas etárias, não eram possibilidades para mim, não minha ótica! Precisei confiar na voz que chegou e contrariou minhas incertezas, não foi fácil desconstruir uma história de complexos, mas conheci o amor de Deus que me levou por um caminho de cura, por uma estrada de maturidade emocional.
Entenda, não é sobre chegar logo, nunca foi! É sobre amadurecer no caminho,

a conquista virá, porém o mais importante será o quanto você aprendeu, superou, suportou, rompeu limites e mudou!

O problema é que muitas mulheres têm sido afligidas por sentimentos, muitas sofreram traumas, abusos, isso é um fato! O medo, o rancor, as feridas se tornaram o termômetro da alma, muitas acabam sendo defensoras de suas mazelas, vencidas por não se permitirem receber a tempo oportuno o "balsamo de Gileade", uma metáfora usada por Deus para falar da cura que Israel havia rejeitado, Deus era o próprio Bálsamo, o alívio que Israel precisava, mas eles não entendiam! (Jer 8:22).

Não permita que seus sonhos sejam sequestrados pela dor do processo roubando a sua história. Entenda que emoções desajustadas impedem que você acesse o seu destino profético, limitando o seu potencial. Pessoas almáticas se autossabotam, não conseguem perceber o quanto elas poderiam ser em Deus. Hoje dizemos NÃO! Busque ajuda de um profissional, de uma mentora, de um pastor(a) se for preciso, e comece a romper com as ataduras de morte espiritual e emocional.

Penso que em algumas mulheres existe uma águia prestes a despertar, elas estão cansadas de serem confundidas, a qualquer momento romperão com a gaiola que as limitava e começarão a voar! Acredite, até a crise tem propósito, o que deu errado não define o que Deus te chamou pra ser, na verdade, é o processo que te dará as habilidades necessárias para viver a promessa com autoridade. Deus está chamando mulheres que tenham coragem de crescer e serem líderes da sua jornada de sucesso. Há uma saída estratégica de ambientes de cativeiros, de prisões antigas, de emoções traumáticas, se permita, recomece se for preciso.

Tenho uma palavra de esperança para você que está passando por um caos interior: esse processo não é o limite, não é o destino, é apenas uma rota; crescer dói, mas traz habilidade, Deus está gerando as marcas e as cicatrizes pra que você governe com legitimidade a sua própria história. A Vasti teve a sua oportunidade e não sustentou a coroa na cabeça, tinha governo, prestígio e honra, mas preferiu fazer sua festa de menina, militou sua causa de maneira equivocada e, liderada por sua alma, perdeu o governo porque não soube lidar com frustrações. Deixou que o sentimento de abandono e tristeza por não ter sido chamada na hora que gostaria, fossem fatores de decisões, a Vasti mimada assumiu o controle, não teve sensibilidade ao convite do Rei.

Há quem diga que o rei iria humilhá-la, porém a Bíblia diz que em sua alegria, no tempo oportuno da festa, o rei queria mostrar a todos aquela que era a mais bela da casa (Ester.1.11). Uma mulher equilibrada saberia lidar com a situação, foi no mesmo ambiente que Ester chegou como Hadassa e se tornou rainha. A alma de Vasti é agitada por circunstâncias e pessoas almáticas tomam decisões através de sentimentos, tendem à precipitação. Deixe o Espírito Santo moldar seu caráter, assumir o controle da sua história. Vasti tinha palácio mas não tinha marcas, tinha coroa mas não tinha história. Que toda futilidade, imaturidade e falta de sensibilidade espiritual caia por terra diante do chamado do Rei. Ela não suportou o valor da espera, trouxe vergonha no ambiente da honra (Ester 1:9). Surgiu uma denúncia necessária: esse comportamento trouxe vergonha e mau exemplo para outras (Ester 1.18), eram sintomas de rebelião, oposição à autoridade maior na insatisfação da alma de uma menina com coroa na cabeça. Vasti esqueceu que ela era "o melhor do palácio".

Um conselho para mulheres de governo: querem pastorear, pastoreiem; querem pregar, preguem; querem profetizar, profetizem; só não dê mau exemplo no palácio. O reconhecimento e a honra de uma mulher chamada por Deus são garantidas no aposento de oração, no lugar secreto da intimidade com Ele, até porque presença de Rei não se exige, se conquista!

Hadassa sai do anonimato se tornando uma mulher de governo, ela é a Ester, aquela que brilha sem soberba, de forma madura. Na minha opinião, ela é o padrão de comportamento ideal para mulheres que nesse tempo foram chamadas por Deus para inspirarem outras e deixarem um legado de honra. Se posicione, as suas marcas de deserto não te diminuem, use-as a seu favor. Eu era a Vasti mimada, que se vitimizava, mas resolvi colocar minhas lágrimas no odre da adoração.

Hoje, dizem que tenho cara de guerra, mas já fui chamada de "samambaia chorona", acho engraçado! A verdade é que me tornei uma mulher forte, não mudei apenas por fora, Deus me moldou por dentro, meu comportamento

encontrou o equilíbrio que eu precisava, comecei a usar minhas emoções da maneira certa. Chega de ser uma menina impaciente e inconstante, leve a sua alma para o aposento de intimidade com Deus e só saia de lá com armas de guerra e coroa de governo na cabeça.
Sim, me tornei uma cerca viva, uma Hadassa, que na versão portuguesa do nome hebraico significa "murta", um arbusto que nasce no deserto, sobrevivente a lugares de sequidão, suas folhas exalam uma fragrância agradável quando são esmagadas, muito usadas para fazer cerca viva, uma única linha de plantas funcionando como barreiras de proteção. Essa também é a história de muitas mulheres que deixaram de ser meninas.

A Hadassa também carregou dores, perdeu a família, viveu privações, mas o tempo é especialista em reviravoltas, ela transformou as dores em honra, a menina cresceu!

Testemunho: Quando recebi o chamado pra pastorear, precisei ressignificar a minha mentalidade, o desafio não era estar pronta, Deus nunca chamou gente pronta. Era um chamado para "metanoia", eu precisei vencer emoções equivocadas, dores que vivi nessa história de palácio, quem nunca? Precisei dar crédito à voz de DEUS sobre mim. Eu já tinha dois filhos criados, um casamento abençoado e uma certeza: eu seria uma boa mulher de oração. Foi aí que o céu me chamou. Aos 39 anos, recebi uma palavra de destino e começar uma faculdade e acessar a uma nova estação não seria fácil. Mas o caminho que percorri tinha propósito. Hoje, sou pastora, há 5 anos em uma igreja linda, tenho a honra de contar com meu esposo que amo. Aprendi que quando Deus dá uma palavra de destino, nosso dever é cooperar com essa palavra, não dá pra alcançar o propósito sem enfrentar os desafios do processo.

Foi assim que Hadassa deixou as roupas de deserto, as dores e perdas, ela rompeu!

Não é sobre chegar logo, mas sobre amadurecer no caminho; nunca foi sobre o que você tem, mas o quanto aprendeu, superou limites e mudou.

Pra. Angélica Farinazzo

Pra. Anna Seabra

Sou Anna Seabra, casada com Ton Seabra, meu parceiro que me dá estrutura para avançar todos os dias. Mãe de quatro filhos extraordinários: Laynnara, Vanessa, Junior e Áquila. Avó do Stephan.

Pastora, psicoterapeuta e mentora, ajudo mulheres a terem clareza da sua identidade e desenvolverem seu propósito.

Venci a depressão, o pânico e abordo esse assunto. A partir daí, entendi que minha missão é ativar mulheres através das minhas vivências de dores e alegrias, mas principalmente de FÉ.

Idealizadora do Projeto Mulheres que Geram, que Deus fez arder no meu coração há anos e que se solidificou e expandiu durante a pandemia, me permitindo conectar com mulheres dentro e fora do Brasil. Trago testemunhos e histórias impactantes.

seabra_anna

+55 (27) 99880-9036

psicoseabraana51@gmail.com

04 FUNDO DO POÇO AINDA NÃO É O FIM, É LUGAR DE RECOMEÇO

POR PRA. ANNA SEABRA

É impossível conter as lágrimas quando falo da minha história.

Nasci fruto de um relacionamento frustrado, onde cresci ouvindo dizer que o casamento dos meus pais durou pouco mais de um ano e isso era um dos motivos que me trazia muitas inquietações, a maior parte dos filhos de pais separados são aterrorizados por essas vozes, que dizem: você é CULPADO, seu nascimento afastou seus pais!

Convivi com esses fantasmas, fui uma menina com muitas dores emocionais, espirituais e físicas. Quero falar de um frio exagerado que eu sentia, mesmo em altas temperaturas, nada resolvia, tinha uma febre repentina, muitas vezes eu mal sabia onde estava. Meu sonho era ter um lar e desfrutar da companhia de um pai e de uma mãe, como as outras crianças.

Parte da minha infância, fui criada por um casal de padrinhos: madrinha Teresa e meu padrinho Jovelino, que acolheram minha mãe e a mim. Eles haviam perdido a casa, moravam em um porão envolto a um matagal, sem portas, sem janelas, disputávamos o espaço com aranhas, escorpiões e outros insetos. Ainda assim, dividiam conosco o pouco que tinham.

"O sentido da vida não está naquilo que temos, mas o quanto transbordamos em quem está ao nosso redor.
Somos plenos quando temos clareza, o que encerra em nós precisa continuar no outro.
Nunca foi sobre a quantidade que temos, mas tudo se define na intensidade que entregamos."

Esse foi o maior legado que eles imprimiram em mim.

Ali estava meu padrinho, acamado, vítima de um AVC, cuidando de seus três filhos e de mim, que só tínhamos ele. Ficávamos sozinhos, pois a madrinha e minha mãe trabalhavam sem parar. Até que um dia vi minha prima sendo picada por um escorpião e sobreviveu, então pude entender que viemos para essa vida com prazo de validade, antes do vencimento, ninguém vai (risos).

A memória olfativa da casa não tenho como ignorar, era chão de lama e quando secava, era poeira. Não éramos tristes, ali não seria nosso destino final, o olhar de esperança para o futuro nos fazia sobreviver em meio à dura realidade. Aprendi a sorrir em meio ao caos, ainda que tivesse muitos motivos para chorar.

Meu padrinho faleceu, fomos embora para uma casa onde aceitavam domésticas com criança, mas foi por pouco tempo. Fomos morar em outra cidade, minha mãe só conseguia me visitar a cada 60 dias, as notícias do meu pai eram as piores possíveis. Nessa época, eu fui morar com uma pessoa da família e as surras eram rotineiras, lembro-me sendo amarrada aos móveis, pois eu era uma criança inquieta e essa era a única opção de quem cuidava de mim, sim, porque o ser humano só pode entregar para o outro o que tem dentro de si.

"Toda doença que não curamos, se transforma em enfermidades que transmitimos."

Finalmente, na adolescência, eu e minha mãe conseguimos uma casa, porém, o fato de desde muito cedo eu ter que enfrentar a ausência dela, ainda nos sentíamos distantes afetivamente. Nessa época, reencontrei com meu pai e também conheci Jesus. O Seu amor me alcançou, comecei olhar o meu pai com outros olhos, eu sabia que era Deus, porque sozinha eu jamais conseguiria. Ser perdoada e perdoar é o caminho para tornar a viver! Literalmente o perdão me trouxe até aqui! Perdoei meu pai, falei do amor de Deus para ele e agora sim! (Ah! E aquelas dores por todo corpo, inexplicáveis, desapareceram, o frio e a febre emocional, nunca mais senti). Ele começou a ir para as orações e um dia eu não poderia imaginar que seria nosso último encontro. Pouco tempo depois, ele partiu, teve um enfarto fulminante.

Agora já casada, com os filhos crescendo, eram quatro, precisava realizar meu sonho de fazer teologia e ajudar nas despesas, para isso vendia salgados de porta em porta nas escolas, sempre acreditei que tudo era possível, desistir jamais!

Um dia, começou uma outra fase da minha vida, que marcou nossa família: minha filha Laynnara foi acometida de uma enfermidade, agravada com um tratamento errado, então veio o laudo: "Sua filha tem apenas 48h de vida, não há mais nada que possamos fazer!" A Anna guerreira e minha FÉ gritaram mais alto que o laudo e tudo que estava acontecendo naquele momento. Eu decidi CRER e no pior momento, pensei: "Se tem 48h, para o Deus que eu conheço é muito, ele pode fazer em segundos".

Decidi me mover pela Palavra, nos momentos em que não eu não via nenhuma mudança e muito menos nada favorável. Não era sobre o que estava sentindo ou vendo, era sobre o que estava crendo!! O tempo estava contado no relógio, me desloquei em tempo recorde para outra cidade e quando cheguei no hospital, estava superlotado. Clamei, vi a morte rondar a minha filha, ali um anjo em forma de médico apareceu, fez a cirurgia dela, foram longos meses dentro de um hospital, mas vencemos!

Me lembro que quando consegui ligar para minha casa, recebi outra bomba: minha outra filha, também estava internada, em outro hospital. Fui superando e sempre me perguntava: "Para que tudo isso? Qual é o propósito?"

Passado um tempo, fui acometida por uma forte depressão, crises de pânico, 8 meses aprisionada dentro de um quarto, o lugar escuro me trazia segurança, pela janela olhava para os pássaros, até eles para mim eram ameaça. O choro de pavor era de dia e de noite. Mas onde estava aquela mulher tão espiritual? Quero te dizer que a FÉ não nos isenta de adoecer. Demorei a entender isso, escondi a depressão, o que iriam pensar de mim? Só quem passa no silêncio conhece a intensidade.

Que Deus te cure das dores que você não conta para ninguém.

Fui parar no psiquiatra, a dor era intensa, muitas vezes não sabia onde mais caberiam tantas dores, com o desespero de tomar os medicamentos e continuar acordada, parecia que o sono fugia de mim. Durante mais de dois anos eu não soube o que era dormir. Cheguei a pesar 130 kg, me auto-abandonei.

A falência financeira chegou. Da casa na orla da praia, fui ser cozinheira de uma pessoa que era minha funcionária; aos domingos, andava distâncias longas a pé, para cozinhar e no final, trazia duas marmitas que eram divididas com meus quatro filhos, porque eu era a mãe leoa que poderia até olhar para a comida e não comer, mas jamais deixaria os meus filhos sem alimento. Acredito que o dia que mais chorei, nesse tempo, foi quando nosso almoço foi as verduras que caíam ao chão no final da feira do nosso bairro. A dor era imensa, porém a minha FÉ era muito maior. Eu sabia que iria vencer!

Cheguei no fundo do poço em várias áreas, mas ali entendi que tem milagres que acontecem justamente quando nossa única realidade é essa: estar no fundo, na areia movediça. Era uma notícia ruim atrás da outra, um dia pior que o outro.

Em uma manhã acordei muito aflita, já não tinha mais o que perder ou até mesmo o que vender - já havia vendido tudo, os móveis e roupas lindas - para ver meus filhos estudarem e comerem. Fui me retirar para orar e ouvi Deus me dizendo: "Calma, se aquieta, não vou te devolver somente o que perdeu, vou te dar o que você nunca teve!!"

Como ocorreu meu processo de cura e restauração

Precisei começar por uma mudança radical, deixando de espiritualizar o que não era para ser espiritualizado, aceitando que estava muito doente. Mal sabia que estava com uma dívida impagável comigo, de todo o tempo que fui me auto-abandonando, deixando de cuidar do meu corpo como templo.

Me reconectei com minha identidade.

Encarei o medo, por sinal, paralisante.

Fui vivendo um dia de cada vez.

Usando a minha FÉ acima de tudo.

Aos poucos, senti o desejo de estudar a psicanálise, para me curar, mas até nisso já havia um propósito divino. Era hora de recomeçar, sem deixar nada para trás. Esse caminho de volta foi literalmente com os cacos dos destroços, todos os dias dizia para mim mesma: "Eu não vou morrer, eu vou viver!" Uma palavra liberada nos piores momentos pode mudar tudo! *Porque o que eu ouço altera meu interior, mas o que falo, transforma o meu ambiente.*

Somos quem decidimos ser! Deus sempre teve um propósito em tudo, em todo tempo Ele estava ali. Eu ouvia promessas que pareciam que jamais se cumpririam: "Através de você, curarei muitas mulheres". Mas como? Impossível.

Em 2014, nasceu o projeto Mulheres que Geram, reuniões em grupo, diárias e online. Aprendi a gerar no secreto, administrar a ansiedade, porque não era um simples sonho meu, antes de tudo era um propósito divino. Trago o testemunho de cada uma delas, mulheres extraordinárias, com histórias impactantes, curadas, a cada dia sendo restauradas e reconectadas com sua identidade.

Minha maior realização e de fato o maior desafio, está em levar outras mulheres a chegarem ao nível de transformação de mentalidade, segundo Romanos 12:2. Se permitirem reconstruir e se libertarem daquilo que foi destruído dentro de cada uma. Voltarem a sonhar e realizar, independente da família que nasceram, do lugar que cresceram e anularem todo argumento de crenças enfraquecedoras.

Quando ressignificar é necessário

O que não deu certo para os outros, não significa que vai dar errado para mim. Por mais relevante que seja o histórico de fracassos familiares, não precisamos cair na armadilha de repetir padrões.

"Eu não sou projeto para dar errado, nasci para dar certo!" Esta não é uma declaração positiva, mas sim, uma declaração de FÉ.

Mentorear mulheres era um sonho, hoje uma realidade. A cada dia crescemos, juntas. Amo infinitamente. Me lembro que eu orei por uma mãe com o filho no ventre, se não houvesse movimento, o médico retiraria. De repente, a criança se moveu e Deus me disse: "Estou te dando um ministério, você está sendo lapidada". Trago também um testemunho de cura que Deus fez na vida da Eliane, o câncer foi expelido quando comecei orar por ela.

Processos de dor não matam, nos habilitam. As dores que passei me habilitaram para chegar aonde cheguei.

Meu maior segredo quero compartilhar: quem chega no fundo do poço, não pode focar na visão de baixo. Qual a saída? Olhar para cima! O Salmo 121:1-2 diz: "*Elevo os meus olhos para os montes de onde me virá o socorro? O meu socorro vem do Senhor, que fez o céu e a terra.*" Olhe para o alto!

Quando me perguntam quem sou, digo: sou Anna, a improvável, filha da dona Euzi e do Sr.Francisco, e que recebeu de Deus uma nova identidade. Quando nada preenchia meus vazios existenciais, encontrei Jesus! Quando a fonte chega, não precisa mais do poço!

O exercício de viver traz consigo ruínas; fiz delas motivação para viver e combustível para não morrer!

Pra. Anna Seabra

MARKETING
4.0
AO DIGITAL
PHILIP KOTLER

Ariadne Lima Pereira

Serva de Deus, conhecida como Dine Pereira, atualmente com 33 anos, sou mãe de duas princesas: Manuella, 5 anos e Anna Martha, 3 anos.

Formada em Processos Gerenciais pela UFPel, me especializei em Marketing Digital e atualmente empreendo na área de Social Media, com foco em estratégias para o Instagram, ajudando pessoas e empresas a construírem uma presença online forte e significativa.

Filha amada de Deus, do Jorge Léu e da Marta Solange, natural da cidade de Pelotas/RS, criei e apresento o Podcast "Eu, Deus e o Empreendedorismo", onde compartilho valiosas reflexões e *insights* com convidados sobre Deus e negócios.

Envie-me uma mensagem, vou amar!

dinesocialmedia

bio.site/dinesocialmedia

ariadnelimapereira@gmail.com

05 NO CAMINHO DA VITÓRIA

POR ARIADNE LIMA PEREIRA

Este livro faz parte dos planos de Deus para a minha vida. Ele é um instrumento através do qual Deus deseja alcançar corações sedentos por esperança, restauração e renovação. Ao compartilhar minha história de redenção, espero que traga luz para iluminar caminhos e seja uma fonte de inspiração e encorajamento para todos que o lerem. Que cada página seja uma semente plantada pelo próprio Espírito Santo, pronta para germinar e transformar vidas, mostrando o amor incondicional e a graça divina que estão disponíveis para cada um de nós, em nome de Jesus. Este capítulo é um testemunho vivo de que, não importa quão distantes tenhamos nos afastado, Deus sempre está disposto a nos resgatar e nos guiar de volta aos Seus caminhos de vitória e propósito.

Um dia, eu me enxerguei "surtada" de tanto estresse e ansiedade, extremamente cansada da rotina esgotante que é trabalhar para sustentar uma família, cuidar de uma casa sozinha e ser mãe solo. Foi aí que eu pensei: como foi que eu cheguei nesse ponto? Não era isso que eu imaginava para os meus trinta e poucos anos. Quando eu era mais nova, fiz planos e idealizei que iria chegar aos 30 anos estabilizada em todas as áreas da vida. Mas não foi bem isso que aconteceu. Pelo contrário, foi a fase em que eu me encontrava mais desestabilizada e aos meus olhos, foi quando estive mais longe de todos os meus sonhos.

Parei para refletir e senti no meu coração que eu não aguentava mais tentar fazer as coisas do meu jeito, sozinha e com a força dos meus braços. Eu conheci um Deus aos meus 17 anos, que tinha um desenho perfeito pra minha vida. No entanto, com aquela sede de ser independente na maior idade, acabei me desviando dos caminhos e dos propósitos que Ele tinha para mim. Busquei a felicidade no mundo, nas festas, nos relacionamentos vazios e nas conquistas passageiras. Por muitos anos, me afastei da minha verdadeira essência.

Os efeitos das minhas decisões erradas começaram a se refletir em minha vida: Minha carreira estava estagnada, meus relacionamentos eram superficiais, precisava da ajuda dos meus pais para tudo e me sentia constantemente esgotada emocionalmente. Vivia falando que estava naquela corrida dos ratos, onde não parava um minuto do meu dia, mas mesmo assim, as coisas pareciam não fluírem, não saíam do lugar. Além disso, eu via o impacto que minhas escolhas estavam tendo nas minhas filhas. Elas não estavam recebendo o exemplo de fé e de mãe que mereciam. Em meio às ruínas que eu mesma havia construído, Deus estendeu Sua mão de misericórdia e amor. Senti Seu chamado em meu coração, uma voz suave e firme que dizia: "Filha amada, Eu ainda tenho planos para você." Decidi me render àquela voz, aquele chamado, de uma vez por todas, porque eu provei de todas as formas, que do meu jeito não estava dando certo. Eu sempre soube que havia nascido para vencer, mas eu não sabia qual era o caminho da vitória. Hoje eu sei, o caminho da vitória é Jesus.

Eu agradeço a Deus, todos os dias por Ele ter me chamado de volta por amor e não pela dor. Porque Ele tinha todo o poder de permitir qualquer tipo de dor na minha vida para que eu me rendesse, mas Ele não o fez, pelo contrário, Ele me mostrou ser um pai misericordioso e que me ama incondicionalmente. Ele deixou que eu vivesse tudo que eu vivi, para que eu aprendesse, amadurecesse e durante o processo, Ele me preparasse para o que estava por vir. De uma coisa eu tenho certeza: Ele cuidou de mim o tempo todo, porque nos lugares que eu já estive, com as pessoas que eu já andei e as coisas que eu já fiz, só nunca aconteceu nada de ruim comigo porque a mão d'Ele estava sobre mim e Ele não permitiu que mal algum me tocasse. Porém, eu sabia que essa paciência não iria durar para sempre e que a longo prazo eu iria colher os frutos das minhas más escolhas.

O fato de me tornar mãe me permitiu compreender o que é esse tal de amor incondicional do qual eu só ouvia falar e como os pais desejam o melhor para seus filhos. Eu amo minhas filhas incondicionalmente, não importa quantas coisas erradas elas façam, seja por não saberem, por não me ouvirem ou por quererem aprender com seus próprios erros. Hoje, como mãe, eu entendo que o que Deus quer pra mim é muito melhor do que eu quero, pois, muitas vezes, as minhas filhas querem coisas que não possuem a maturidade para ter ou não enxergam aquela situação com os olhos experientes que eu enxergo. Com isso, eu aprendi a me render a vontade do Pai e sempre consultá-lo antes de qualquer coisa, assim como fiz para estar aqui falando sobre isso. Ele me pediu para trazer nesse capítulo, o significado de ser vencedora e suas instruções que devem ser seguidas para vencermos.

Quando ouvimos que alguém venceu na vida, automaticamente, associamos sua vitória a coisas do mundo, a conquistas dos olhos humanos. Muitos acreditam que vencer na vida é morar em casas luxuosas em bairros nobres, ter carros importados e usar roupas e acessórios de grifes. Ser reconhecido, renomado, ter fama, seguidores, viajar pelo mundo e etc. Eu estou aqui para te dizer que Deus me mostrou que vencer não é isso. Isso pode ser só uma parte da sua vitória, mas vencer é aceitar Jesus como seu único salvador e ter os propósitos de Deus realizados na sua vida. Se nos propósitos de Deus você puder alcançar essas realizações, maravilha, mas acredite: obedecer ao Seu chamado, ganhar almas, entregar a vida dos seus filhos para o Senhor, ter a vida da sua família salva e dos seus amigos: isso sim, é vitória! Aqui somos todos passageiros, o que vivemos e ganhamos na Terra é temporário, mas a glória de Deus é eterna e é isso que nós precisamos ganhar: o seu galardão lá no alto. "*Mas graças a Deus, que nos dá a vitória por meio de nosso Senhor Jesus Cristo!*" (1 Co. 15:57).

Para alcançarmos a vitória em nossas vidas, há duas coisas fundamentais que devemos ter em mente. Primeiro, é essencial priorizar Deus em todas as áreas de nossa vida. Ao colocá-Lo no centro de nossas decisões, relacionamentos e planos, estamos abrindo espaço para que Ele trabalhe em nós e nos guie em direção ao galardão que Ele tem reservado para nós. Priorizar Deus envolve dedicar tempo de comunhão com Ele. É através da oração e da leitura da palavra que nos conectamos diretamente com o coração de Deus, expressando nossas necessidades, buscando Sua sabedoria e fortalecendo nosso relacionamento com Deus. O jejum também é uma prática poderosa que nos ajuda a focar em Deus, humilhar-nos diante dEle e buscar Sua orientação com um coração aberto e sincero. Além disso, devemos valorizar a importância de frequentar a casa do Pai, seja uma igreja local ou um grupo de comunhão. É nesses lugares que encontramos ensinamentos bíblicos, adoramos e louvamos a Deus juntamente com outros crentes e recebemos encorajamento e suporte espiritual. Ao nos envolvermos na vida da comunidade de fé, fortalecemos nossa conexão com Deus e somos nutridos espiritualmente para enfrentar os desafios da vida.

Em segundo lugar, ouvi em uma pregação de Tiago Brunet e senti no coração que devia trazer esse ensinamento aqui: "Para permanecermos firmes no caminho da vitória, precisamos aprender a dizer um "sim" e também vários "nãos"." Isso significa que, quando dizemos "sim" a algo que é importante para a nossa vitória, também precisamos ter a coragem de dizer "não" a tudo o que nos afasta de nossos objetivos e propósitos. Assim como no casamento, que dizemos um sim no altar e depois precisamos abdicar de certas coisas, dizer "não" a tentações e a tudo que nos afasta de nosso compromisso, para que possamos cumprir nossa palavra no sim que demos. Dizer vários nãos requer disciplina, determinação e uma visão clara de nossos objetivos. Significa abrir mão de prazeres passageiros, maus hábitos e distrações que nos desviam do caminho da vitória. Ao fazer essas escolhas, estamos fortalecendo nossa fé e demonstrando nosso compromisso com os planos de Deus para nós. Portanto, ao priorizarmos Deus em todas as áreas de nossas vidas e ao aprendermos a dizer um 'sim' genuíno e vários 'nãos' necessários, estamos construindo o alicerce para alcançarmos a verdadeira vitória que não está nas conquistas terrenas ou no sucesso passageiro, mas sim, em entregar nossa vida a Jesus, aceitando Seu amor e Seu plano para nós.

Não importa quão distantes tenhamos nos afastado, Deus está sempre disposto a nos resgatar e nos guiar de volta aos Seus caminhos de vitória e propósito. Ele é um Deus de amor incondicional, que está sempre de braços abertos, esperando pacientemente por nosso retorno. Se você nunca experimentou o amor de Deus antes, este é o momento perfeito para dar uma chance a Ele. Não é por acaso que você está lendo isso agora. Nada acontece por acaso no plano de Deus. Ele está se comunicando diretamente com você, convidando-o(a) a conhecer Seu amor e a descobrir os planos maravilhosos que Ele tem para você. Lembre-se de que tudo o que Deus faz é perfeito e que Ele criou você com um propósito único e especial, cheio de potencial e talento. Não importa o que você tenha vivido até agora, não importa as falhas ou as circunstâncias difíceis pelas quais tenha passado, Deus tem planos para você. Ele deseja guiá-lo(a) em direção à vitória e cumprimento de todos os sonhos que Ele colocou em seu coração.

Eu oro para que você abra o seu coração para o amor de Deus, dê a Ele uma chance de transformar sua vida e preencher cada área com Sua graça e poder. Deixe que Ele seja o seu Pai e o seu guia em sua jornada, confie em Seu plano perfeito e saiba que Ele está ao seu lado, mesmo nos momentos mais difíceis. Deus é o autor da vitória e do propósito em nossas vidas. Confie n'Ele, entregue-se a Ele e esteja pronto(a) para testemunhar a transformação que Ele fará em sua vida, assim como fez na minha. O que você tem a perder caminhando com Deus e o que você tem a ganhar? Reflita e dê uma chance para Ele te mostrar. A vitória está ao seu alcance. Você também é um Nascido e uma Nascida para vencer!

Não importa quão distante tenhamos nos afastado, Deus sempre está disposto a nos resgatar e nos guiar de volta aos Seus caminhos de vitória e propósito.

Ariadne Lima Pereira

Bárbara Germani

Sou Bárbara Germani, filha do Edson e da Jussara, irmã do Marcelo, da Bruna e do Bernard. Filha amada do Rei.

Treinadora, palestrante, criadora do Programa YOU Seja sua Melhor Versão" e do Projeto DESTRAVE: Viva sua Identidade. *Master coach* Febracis - Federação Brasileira de Coaching Integral Sistêmico e pela Flórida Christian University/EUA.

Formada pela Universidade Federal de Santa Maria/RS, atuei por 10 anos na área comercial da indústria farmacêutica.

Apaixonada por pessoas e transformação de vidas. Acredito que uma identidade restaurada pode mudar destinos.

Estou à disposição para contribuir na sua vida.

barbaragermanii

+1 (754) 707 9772

barbaraalvesgermani@gmail.com

06 SEU POSICIONAMENTO DEFINE SEU FUTURO

POR BÁRBARA GERMANI

Fui uma criança ousada, sonhadora e acreditava ser capaz de tudo. Aos 3 anos, soltei a mão da minha mãe em um prédio e acabei entrando em uma agência de propagandas e ali fui convidada para fazer um comercial de tv para uma loja. Era uma menina comunicativa e encantava as pessoas. Essa criança foi crescendo e tinha sonhos de ser atriz, estar em um palco e falar para muitas pessoas. Queria viajar o mundo! Eram muitos sonhos.

Eu venho de uma família com 3 irmãos, um pai e uma mãe sempre unidos. Tivemos uma infância com muito esforço e trabalho dos pais, nunca nos faltou o básico, mas passamos muitas privações financeiras. Dos 4 filhos, sempre fui tida como a mais sonhadora e por muito tempo entendi que isso era algo ruim, era como se eu vivesse buscando algo impossível ou ainda querendo ser/ter algo que eu não teria a possibilidade pelas condições do momento.

Eu cresci, me formei na faculdade de Artes Cênicas pela UFSM e continuava acreditando que meus sonhos seriam reais. De repente, minha vida adulta estava na minha frente, contas surgindo, responsabilidades que eu precisava encarar e o medo surgiu. Questionamentos eram frequentes: como vou pagar um aluguel? Comprar um carro? Fazer as minhas viagens dos sonhos? E com a chegada do medo, eu resolvi tomar um posicionamento. Quero que você preste bem atenção nessa palavra: **posicionamento**. Ela irá aparecer algumas vezes nesse texto e será a chave para muitas respostas.

Meu primeiro posicionamento para vida adulta foi ouvir meus medos. Quando damos ouvidos aos nossos medos, estamos enterrando nossos sonhos. E foi exatamente o que eu fiz, resolvi deixar de lado meu sonho de estar num palco, falar para muitas pessoas e decidi entrar para carreira que meu pai, meus tios e minha irmã desenvolviam, e que teria a possibilidade de ser bem remunerada. Eu entrei para indústria farmacêutica e lá trabalhei por 10 anos. Consegui conquistar minha casa, meu carro, viagens internacionais, mas também consegui descobrir um grande vazio na minha alma, um grande buraco na minha vida que nada preenchia.

Tive um problema de saúde acarretado pela vida que eu vinha levando e precisei me afastar do trabalho por 6 meses. Nesse momento, minha vida parecia ter desabado, me vi em uma situação que eu não sabia quem eu era, o que eu queria para mim e só tinha medo dentro de mim. Medo de ser demitida e não ter mais o que fazer na vida, como se eu fosse somente o que eu fazia e aquela carreira profissional; minha saúde estava ruim, meu emocional estava péssimo, a relação familiar estava abalada e eu não tinha conexão nenhuma com Deus.

Eu precisei chegar no fundo do poço para olhar para minha vida e me redescobrir. Foi através de um grande treinamento de inteligência emocional, o Método CIS, que eu tive clareza do lugar que eu estava e pude ter ferramentas e visão para sair dali. Eu me posicionei e resolvi descobrir minha verdadeira identidade.

Descobrindo minha identidade

Depois de perceber que eu vinha vivendo totalmente no automático, sem nenhum propósito e visão positiva do meu futuro, eu decidi buscar uma conexão com Deus, coloquei uma meta de buscar uma igreja, um lugar que eu pudesse me sentir conectada com Deus. Essa foi a melhor decisão da minha vida! Quando eu descobri minha identidade de filha amada do Rei, minha vida inteira começou a fazer sentido. Me posicionei nessa busca por conexão com Deus e comecei a frequentar uma igreja, Grupos de Comunhão (GC), desenvolver mulheres. Mas muito mais que isso, abri minha vida para Jesus liderar. E Ele começou a me direcionar para lugares que eu jamais imaginei que iria chegar.

A primeira chave que mudou minha vida foi me conectar com Deus. A segunda, foi me conectar com meus sonhos de infância. Sim, lá na minha infância estavam as respostas que eu tanto buscava. Convido você a se questionar e descobrir o que realmente você nasceu para viver: qual era seu sonho na infância? Quais são suas habilidades e talentos? Meu propósito estava totalmente ligado com os meus sonhos de infância!

Vivendo minha identidade

Me posicionei como filha amada do rei e comecei a viver quem eu nasci para viver. Usar meus dons de comunicação, fala, habilidade com as pessoas para transformar vidas. Comecei a palestrar, treinar e desenvolver muitas pessoas inicialmente na região em que eu morava, Florianópolis, Balneário Camboriú, indo para outros estados como Rio Grande do Sul, São Paulo e Rio de Janeiro.

Nesse momento, já me sentia muito conectada com Deus, minha vida começou a ter mais sentido, meus sonhos começaram a se expandir e via muitas outras possibilidades que antes não enxergava; o medo, mesmo aparecendo em alguns momentos de desafio, não mais me faz desviar do meu chamado. Eu entendi quem eu nasci para SER.

Juntamente com isso, um grande sonho da minha infância começou a ficar cada dia mais latente: morar nos EUA. Deus começou trazer mais forte esse sentimento e uma visão. E mais uma vez eu precisei me posicionar entre o medo e o meu sonho. Eram muitas as faces do medo: língua nova, cultura nova, pessoas diferentes, desafios, medo financeiro com uma moeda diferente, longe da família, documentos. Além de muitas vozes: "Viver fora do país é muito difícil, se você sobreviver aos primeiros anos já será bom, nossa moeda não vale nada, você vai passar muitas dificuldades".

Foi quando em junho de 2022 eu decidi ouvir meu sonho, acreditar na visão e cumprir meu chamado. Cheguei em Miami com minha sobrinha e estava aberta para o novo, focada em ouvir as promessas de Deus na minha vida e não o medo.

Deus teve tanto cuidado que preparou tudo! Chegamos com anjos especiais nos esperando. Alugamos um quarto sem nem conhecer a dona da casa e fomos morar com Lucelena, uma mulher abençoada, que nos cuidou e recebeu como filhas. Vale falar um pouquinho de como nossa conexão foi incrível, Deus usa pessoas para transformar a nossa vida. Lu, como carinhosamente a chamo, estava em um quadro de tristeza, dor e praticamente sem andar, usando andador e com muitas limitações. Nossa chegada trouxe mais vida para aquela casa e em menos de 2 meses ela já estava andando sozinha e com muitos planos para o futuro. Ele sabe de todas as coisas, nos coloca sempre nos lugares certos para abençoar e sermos abençoados.

Já na primeira semana nos EUA, me reuni com um grupo de mulheres que tinham o mesmo propósito e fui muito acolhida. Foram presentes de Deus na minha vida. Com esse grupo, pude dar continuidade ao trabalho de desenvolver e transformar vidas mesmo num novo país. Porém, os desafios começaram a aparecer, muitas coisas testando meu posicionamento e identidade nesse novo país. O desafio financeiro veio, como na primeira vez que precisei fazer escolhas na minha vida adulta. Ganhar em reais e pagar em dólar era realmente um desafio grande. Tive propostas absurdas, fui colocada em situações constrangedoras. Isso tudo para eu poder reforçar minha identidade e dependência n'Ele.

Existiam coisas que, matematicamente, a conta não fechava e eu me perguntava: como vou seguir meu chamado, continuar firma na missão de transformar pessoas se eu preciso pagar as contas? Naquele momento, eu não via opções. Cheguei a pensar que se fosse para abandonar meu chamado e propósito, eu iria retornar ao Brasil. Afinal, lá eu teria minha casa, meus clientes, mas estaria voltando para trás.

Foi quando Deus usou um outro anjo na minha vida, chamado Esther. Ela é uma mulher iluminada, amorosa, uma matriarca exemplar. Nos conhecemos e em pouco tempo já foi o suficiente para amá-la e admirá-la e também a sua família. No mesmo período que eu tinha muitas dúvidas e medos para seguir nesse país, eu orava muito a Deus por direcionamento e que Ele abrisse as portas necessárias para o cumprimento da vontade d'Ele na minha vida.

Em uma manhã de quarta-feira, dona Esther me falou: "Bárbara, por que você não muda para Orlando? Vejo muitas coisas para você lá". Eu havia participado de treinamentos e eventos em Orlando nos últimos meses. Mas naquele momento, minha resposta para ela foi: "Nem pensei nisso, porque no momento não teria como ir, não conheço ninguém, não tenho onde morar e nem trabalhar".

Eu estava orando para Deus me direcionar o caminho, abrir portas para cumprir meu chamado e muitas coisas estavam me direcionando para

Orlando. Mas, novamente o medo do novo, de abandonar os laços que já havia construído em Miami e o recomeço estavam gritando dentro de mim. E o Espírito Santo começou a me falar: "Bárbara, você precisa se posicionar". E mais uma vez dona Esther me questionou sobre eu mudar para Orlando e me ofereceu a casa dela para morar, até me organizar na nova cidade. Eu não sabia nem o que responder naquele momento, mas eu via claramente uma resposta de Deus para as minhas orações. E eu lembrei que Ele me dizia: "Se posicione!" Naquele momento, eu decidi me posicionar e receber a benção que Deus estava colocando na minha vida através da filha amada dele, Ester.

Comecei um novo tempo em Orlando e desde que cheguei na cidade, portas estão se abrindo para o cumprimento do meu propósito. Comecei a atender e ajudar muitas pessoas. Estou tendo a oportunidade de palestrar e estar em palcos ajudando muitas vidas através da minha voz. Estou vivendo coisas que para muitos seria impossível, estou vendo o cuidado de Deus em tudo. Quando tudo parece improvável na sua vida, é a hora que Deus trabalha.

Tudo começou com o resgate da minha identidade, quem eu sou para Deus e os planos Dele para minha vida. Depois, resgatar meus sonhos e acreditar na visão positiva para o futuro. Mas quero deixar para você que está lendo a importância do posicionamento na sua vida. Você só vai viver os sonhos de Deus se você se posicionar para isso e busque sempre estar com as pessoas certas. Convido você a pegar um papel e uma caneta e anotar:

Quais são seus maiores sonhos?
Que visão você tem para sua vida?
Em que você está precisando se posicionar para viver tudo isso?

Quando você se posiciona para seu chamado, começa a viver coisas que jamais pensou serem possíveis, seu horizonte cria novas possibilidades. Se tem algo que você ainda não viveu, é porque ainda falta se posicionar.

Quando você se posiciona para seu chamado, você começa a viver coisas que jamais pensou serem possíveis, seu horizonte cria novas possibilidades.

Bárbara Germani

Claudia Alves

Claudia Alves, filha amada do Deus vivo que cuida de mim e me ama todos os dias. Esposa do Flávio e mãe do Heitor. Tutora de 12 pets da raça "tomba lixo", os quais fazem a festa em nosso lar.

Nascida em Brasília em 1979, onde resido, formada em Direito, pós-graduanda em Neurociências. Empresária do ramo imobiliário há mais de duas décadas. *Coach* Integral Sistêmico pela Febracis e analista comportamental.

Criadora do Instituto Estrelas na Terra, voltado para o desenvolvimento de pais e crianças especiais e adotivas.

Apaixonada por comportamento humano e alta performance. Amante do novo, da dopamina, da não rotina. Deus como sentido a ser seguido todos os dias da minha vida, mesmo sabendo o quão desafiador é.

institutoestrelasnaterraa

+55 (11) 91741-1019

claudinhadinha1@hotmail.com

07 APENAS MAIS UM CAPÍTULO PERFEITO DE UM LIVRO

POR CLAUDIA ALVES

Como descrito em João 8:7, "*Aquele que não tem pecado, atire a primeira pedra*". Em sentido humano, que atire a primeira pedra quem nunca tentou se igualar a Cristo Jesus, sendo Ele o único ser celestial perfeito que pisou na terra.

O estudo do comportamento humano explica, em alto e bom entendimento, que as pessoas que têm o perfil comportamental da **Influência** buscam aprovação a todo momento dentro do seu meio e buscam excessivamente - quando não estão adaptadas ao equilíbrio - a validação humana no que diz respeito aos seus comportamentos.

Durante duas décadas, eu tentei agradar a tudo e a todos, não sabendo o simples significado da palavra "não", dando ao outro aquilo que nem mesmo ele sabia que queria, trazendo para minha responsabilidade resoluções que não cabiam a mim resolver; falando "sim" pelo outro, falando "não" pelo outro, acreditando que resolveria sozinha as desavenças do mundo. Não entendia ainda que minha escala de valores deveria em primeiro lugar estar em Deus, em segundo lugar me amar mais que tudo nesta vida, em terceiro lugar minha família (meu esposo Flávio e meu filho Heitor) e depois todas as demais existências na terra, sejam elas, meus pais, meus parentes, meu trabalho, enfim, a roda sistêmica que rege a minha história.

A busca incessante pela perfeição trouxe aos meus dias a incapacidade do amor-próprio. Trouxe a inquietação de fazer para o outro aquilo que eu não faria por mim, pelo simples desejo do olhar e da comunicação do outro, em ouvir pelos cantos: "Oh! Como a Claudinha é "boazinha!" ou: "Conte sempre com a Cláudia, se ela não fizer por você, só Deus fará". Uma forma desequilibrada de viver tudo o que Deus prometeu enquanto ser pertencente deste mundo.

Lembro-me de que certo dia, uma tia paterna me pediu para que, sendo eu da área imobiliária há mais de duas décadas, vendesse sua casa no local que ela morou por toda a sua existência, para morar em cidade próxima aos seus irmãos. Nesta época, ano 2019, a palavra "não" não fazia parte do meu entendimento, com isso, minha resposta não poderia ser outra: "Sim! Claro, tia! Vamos vender!".

Em meu escritório imobiliário surgiu um imóvel da minha carteira administrativa para venda e, por coincidência, o proprietário do imóvel residia na sua mesma cidade natal. Fiz a proposta, foi aceita e iniciei o processo da venda. Casa pra lá, apartamento para o lado de cá, propus para ela reformar seu novo lar, com minha ajuda financeira. Foi realizador, pois, como o meu esposo era da área da construção civil, tivemos a oportunidade de fazer o melhor: compramos móveis, fizemos armários planejados, toda a mobília que uma casa merece. Foi lindo o dia da entrega, ela com seus 72 anos de idade, pediu mais vida a Deus para viver tudo aquilo. Não contava que crenças e repetições de padrão estariam presentes naquela atitude (explicarei mais a fundo sobre crenças logo à frente).

Meses depois, aconteceu o previsto por muitos e novo para mim: ela pediu para voltar para sua cidade natal. Na época, foi um transtorno. Afinal, como retirar uma pessoa de idade de uma casa em que viveu por toda uma vida e colocá-la em imóvel distante de sua realidade e distante de sua parentela? Improvável, para não dizer impossível. A falta do "não" me trouxe arrependimento, mas me fez refletir sobre essa necessidade de querer ser boazinha a todo momento.

Outra história que retratou muito bem a questão da repetição de padrão foi meu primeiro relacionamento. Convivi com uma pessoa por anos e repeti com ele todas, absolutamente todas, as situações vividas por minha mãe.

Um relacionamento abusivo, cheio de mentiras, traições, bebidas, drogas, entre outras que não convém mencionar, sempre buscando pela "perfeição" no convívio e acreditando que em algum dia tais atitudes pudessem mudar. Não sou daquelas que acreditam que "pau que nasce torto, morre torto", acredito fielmente na reprogramação da mente através da neuroplasticidade, assunto também que falarei melhor à frente.

Lembro-me certo dia, em uma chácara que possuíamos enquanto casados, houve uma festa regada a muita bebida, drogas e outros. Pessoas que não fazia ideia de quem eram, homens e mulheres perdidos naquele momento. Quase no final da festa, encontrei o Arthur (nome fictício do meu ex-marido) envolvido sexualmente com uma mulher e certa de que não havia sido a primeira vez que ele me surpreendia com tais atos. O detalhe de tudo é que eu não sabia o que era autorresponsabilidade e que eu vinha sendo a responsável por aquela vida de "merda" que vinha levando.

Mas o pior não foi encontrá-lo com alguém, foi após ter bebido muito, pegar meu carro, escrever uma carta de despedida e jogar o veículo propositalmente adentrando a mata, na chácara vizinha, no intuito de tirar a minha própria vida. Desesperador aquele momento. Ao acordar, havia pessoas tentando avisar às pessoas que tinham ficado na festa.

Mas a partir daquele momento, a minha jornada de vida real começou. Ainda ficamos juntos. Vieram muitos e muitos momentos de infelicidade total, muitas traições, muitas noites dormidas sozinha, tudo realmente que vi, ouvi e senti quando criança advindos dos meus pais.

Quando falo sobre crenças, somos, basicamente, uma folha em branco quando nascemos. À medida que nos relacionamos, interagimos e nos deixamos influenciar, estamos escrevendo a nossa história para o bem ou para o mal, são as memórias que consciente ou inconscientemente nos impedem de ir adiante. De maneira resumida, crenças são as interpretações e pensamentos que assumimos como verdade e que nos impedem ou nos ajudam de desenvolver as competências, habilidades e principalmente as emoções. Como resultado, a resignação assume o controle do coeficiente emocional do indivíduo, que passa a aceitar as crenças limitantes como partes estruturais de sua personalidade. (Fonte: parte Febracis).

Após me interessar pelo estudo contínuo do desenvolvimento humano, através da leitura de livros, treinamentos, vivências, busca maior por minha espiritualidade em Deus, descobri o que vinha a ser a "reprogramação da mente". A neurociência, através de estudos científicos, afirma que o cérebro não distingue o real do imaginário, onde a partir deste entendimento qualquer pensamento poderá ser transformado em crença positiva. Toda reprogramação poderá ser feita através da repetição de bons atos.

Com a intensificação e busca incessante pelo aprimoramento intelectual, pude reprogramar muitos aspectos da minha vida. A pronúncia do "não" ficou mais prática e fácil no cotidiano, e as escolhas dentro da autorresponsabilidade passaram a ser possíveis.

Então, chegou o dia de colocar em teste parte do conhecimento que eu já havia conectado à minha jornada, onde, ainda tentando ser perfeita, conheci aquele que seria o pai dos meus filhos, meu esposo Flávio. Me separei do Arthur (nome fictício), fui morar em um apartamento que eu administrava em minha imobiliária na época e exatos cinco dias depois, conheci meu esposo no elevador do prédio.

Começou aí uma linda história de amor. Desde que nos conectamos, nunca mais dormimos sozinhos. Lembro-me que em abril do ano de 2016, morando na casa do Flávio, no mesmo prédio que o conheci, estava sozinha em casa, assistindo um canal evangelizador que falava sobre o pecado do sexo fora do casamento. Fui além naquele dia. Aquelas palavras entravam em minha alma como uma espada, pois, mesmo vivendo um dos melhores momentos espirituais da minha história, estávamos vivendo em pecado. Começamos a namorar em 22 de outubro de 2014 e tive a ideia de me casar no mesmo dia e mês. Flávio não estava em casa e me inquietei na ideia de ligar para a igreja e saber a disponibilidade da capela para o dia 22 de outubro de 2016. Falei comigo e com Deus, se verdade fosse aquela relação, haveria horário para essa data.

Não houve dúvidas, marcado. Flávio chegou em casa e contei-lhe a novidade (risos), sim, eu o pedi em casamento e não houve dúvidas quanto ao "sim". Entendo que houve uma energia conspiradora do bem para o nosso encontro, por outro lado, entendo que ambos estavam exauridos de viver a repetição de seus pais e, em sintonia de reprogramação única, nos encontramos. Logo chegou nosso filho Heitor, que confirmou ainda mais o nosso encontro, e que fará parte de MAIS UM CAPÍTULO PERFEITO DE UM LIVRO.

O perfeito apenas a Cristo pertence, onde podemos sim, buscar o equilíbrio das reprogramações diárias. Nos tornarmos vulneráveis, abominarmos o orgulho e nos aproximarmos da verdade e da vida que é Deus. O primeiro passo da nossa viagem terrena é entender onde estamos, contra o que lutamos e aonde precisamos chegar, nunca nos julgando bons o bastante. Como diria um grande amigo, precisamos ser eternos aprendizes, deixarmos de lado toda e qualquer forma narcisista de ser, desinflar o ego e principalmente buscarmos pela coragem de ser imperfeito. Super indico o livro de Brené Brown, "A Coragem De Ser Imperfeito", pois, há tópicos incríveis para retirarmos a máscara do perfeccionismo.

De maneira geral, acerca de todos os contextos, podemos reprogramar a nossa origem, mas jamais podemos perder a nossa essência. O que nascemos para ser, já está escrito no Livro da Vida. Cristo pagou na cruz por nossa existência e nosso primordial papel é fazer Sua vontade.

Com o intuito de acrescentar algo aos seus dias, deixo a seguinte reflexão: você tem deixado de lado o perfeccionismo para vivenciar seu verdadeiro propósito nesta terra?

Te encontro em um dos capítulos do próximo livro.

Podemos reprogramar a nossa origem, mas jamais podemos perder a nossa essência. O que nascemos para ser, já está escrito no Livro da Vida.

Claudia Alves

Cláudia Janjão

Sou a pastora Cláudia Janjão, natural de Manaus/AM. Sou formada em Administração de Empresas pela Universidade Federal, Direito pela Nilton Lins e fiz o Método CIS com Paulo Vieira.

Sou casada com João Mendes da Fonseca Junior, mãe de 2 filhos e avó de 2 netos.

Fui vereadora em Manaus de 2005 a 2008, hoje sou vice-presidente do MIGA, Ministério Internacional Geração Apostólica, onde temos como foco principal cuidar de casais e de famílias.

Sou grata ao Senhor por me permitir fazer a obra d'Ele juntamente com meu esposo.

Claudia Janjão

+55 (92) 99131-3444

bp@cladiajanjao@gmail.com

08 A FÉ EM DEUS ME FEZ VIVER MEU MILAGRE

POR CLÁUDIA JANJÃO

Eu vim de uma família bem diferente e bem grande, cheia de problemas, como muitas. Minha mãe teve 6 filhas mulheres e 3 filhos homens, mas a minha irmã mais nova Ana Maria chegou a falecer, devido minha mãe ser espancada grávida pelo meu pai, um homem muito ríspido e grosso.
Depois da perda da minha irmã, meu pai deixou minha mãe, teve mais 3 mulheres e no total tenho 48 irmãos.

Eu não aceitava a forma como o meu pai tratava a minha mãe, o que me deixou marcas muito fortes. Eu dizia sempre que nunca iria me casar, mas a minha mãe foi um grande exemplo de amor e de perdão.

Quando eu estava prestes a me formar em administração, estava trabalhando na loja Benetton e Janjão começou a ir todos os dias lá dar em cima de mim. Nessa época, eu não gostava dele, que se mostrava muito boçal e metido. Mas ele lutou muito até me conquistar, se aproximando das minhas amigas e até da minha mãe.

Assim, em 1988, começamos a namorar e depois de 6 meses fomos morar juntos. O Janjão fazia eu me sentir segura, a mulher mais amada e eu achava que era muito amparada por ele. Com o tempo, porém, nem tudo o que eu e o Janjão vivíamos parecia ser tão real e verdadeiro, e uma hora nosso relacionamento começou a desmoronar. Começamos a passar por crises, onde eu vim conhecer realmente quem era aquele homem com o qual eu tinha me encantado tanto, por me amar e me tratar tão bem.

Brigávamos muito, porque comecei a descobrir muitas mentiras, uma atrás da outra, de um homem que parecia tão perfeito. E foi aí que meu mundo desabou. Me tornei uma mulher rixosa, ciumenta, barraqueira, e ele começou a me chamar e dizer a todo mundo que eu estava ficando doida. Nessa altura, após 3 anos juntos, ele começou a me trair abertamente.

Janjão venceu a eleição, se tornou deputado estadual. Se um homem com dinheiro já era difícil, imagine com poder? A coisa seria bem pior. E foi justamente o que aconteceu. Como deputado, ele quase não parava em casa, não tinha tempo para a família, para o filho, para nada. E eu comecei a descobrir as amantes, cheguei a persegui-lo e até a contratar detetives para ir atrás dele.

Minha vida se tornou uma loucura, porque eram muitas mulheres. E eu vivia indo para a macumba... Dia de sexta-feira eu ia para a macumba, dia de sábado eu ia para o espiritismo, domingo na igreja católica e terça na novena. Porque o que eu queria era ter paz, mas não conseguia.

Um dia, ainda quando eu estava grávida, fui atrás de uma amante do João com uma faca, para matá-la, de tão louca que eu já andava. Até que em uma madrugada, eu mudei de canal e vi uma mulher dando um testemunho na televisão. O testemunho dela parecia a minha vida. Tudo o que aquela mulher falava, era o que eu estava passando. Então, eu cheguei na frente da televisão e disse "Olha, Deus! Se Tu existes, amanhã eu vou aí nesse lugar. Mas eu quero ver se Tu existes mesmo, porque se fizestes na vida dessa mulher, vai ter que fazer na minha, porque eu tô cansada, cansada!"

No outro dia, bem cedo, eu fui a uma igreja evangélica, que estava bem cheia. Chegando lá, o bispo Ari me viu encostada na porta, tentando me esconder e disse "Filha, você que está aí atrás, encostada na porta..." e ele falou até a cor da minha roupa. E então continuou: "Ontem você disse a Deus que se ele existisse, você queria que ele mudasse a sua história. Pois ele agora está mandando te dizer que foi ele que te trouxe aqui, porque ele quer o teu coração, para mudar a tua história, tua vida, tua família e o teu casamento."

Eu comecei a chorar, mas nem entendi aquilo e vim embora correndo para casa. E fui à casa da minha vizinha, que era de uma igreja. Quando ela abriu a porta eu disse "Luciane, eu quero Jesus. Como é que eu faço para ter Jesus?" Tudo isso chorando muito. Ela gritava de alegria! Fez eu confessar Jesus. E disse: "Vamos abrir a Bíblia, pois ele vai falar com você!". E a Palavra de Deus em Isaías 43:18 (adaptado) dizia: CLÁUDIA, *"NÃO LEMBREIS DAS COISAS*

PASSADAS E NEM CONSIDERAIS AS ANTIGAS, VOU FAZER TEU DESERTO FLORESCER!" Esta palavra entrou no meu coração e mudou a minha vida. E minha vida com Jesus estava só começando.

Naquela noite, eu me apaixonei por Jesus, comecei a buscá-lo incessantemente e a pedir a todo o instante que ele me desse sabedoria, a sabedoria de Provérbios 14, "*a sabedoria da mulher que sabe edificar a sua casa*". Assim, Deus foi ensinando-me a orar, a crer, a profetizar, a buscar a ter intimidade com Ele. Eu só queria ver o meu milagre e eu estava bem consciente do que Jesus teria que fazer primeiro na minha vida, pelo processo de mudança no meu comportamento. Para me tornar sábia, eu teria que mudar minhas atitudes.

Para começar, eu tinha que aprender a tratar melhor o meu marido. Eu não tratava o meu marido bem. Então era eu quem precisava de mudança. Com o tempo, o Espírito Santo foi me moldando, me ajustando e eu não olhava mais no celular do Janjão e nem ficava procurando na roupa dele marcas de batom ou esperma nas calças dele.

Canalizei todo o meu amor, todo o meu sentimento só para Jesus. Eu lia Mateus 6:33, que diz: "*Primeiro buscai o reino de Deus e sua justiça e as demais coisas lhe serão acrescentadas.*" Quanto mais eu buscava Jesus, mais as minhas provas aumentavam. Mas isso era para eu saber que tinha um Deus que estava tomando a minha causa.

Em uma ocasião, Janjão como deputado teria que ir à Festa do Boi, em Parintins. Ele não queria me levar, pois estaria indo com a amante. E eu fui, mesmo grávida de 5 meses e quase perdi meu filho, porque ele ficava com a amante na minha frente. Aquela foi a pior situação que eu passei na minha vida.

Com 21 dias do meu filho nascido, cai numa armadilha do Diabo e descobri várias fotos de orgias que o João fez com os amigos e várias mulheres no interior e depois de mais uma briga com ele, arrumei as minhas malas e as dos meus filhos e fui para o Rio de Janeiro. Mas lá, Deus começou a me ministrar dizendo na minha mente: "Filha, você errou. Porque teu milagre quem vai fazer sou Eu. Você esqueceu que a tua luta é espiritual? Ou tu achas que eu não sou Deus para mudar a tua história?"

Como uma confirmação de que aquilo não era coisa da minha cabeça, quando passei em frente a uma igreja desconhecida o pastor desceu ali e falou: "Deus manda lhe dizer que você errou, porque o milagre quem vai fazer na tua vida é Deus. Você não pode duvidar do que Deus vai fazer. Você só tem que confiar."

Só então eu entendi "o processo" que estava começando, porque o que eu fiz foi somente fazer com que ele fosse quase morar com a amante em um motel. Quando voltei para Manaus, voltei decidida a viver o meu milagre.

Comecei com um propósito de oração, de orar pela manhã, à tarde, à noite, de madrugada e também os jejuns de Daniel. Além disso, fiz um voto ao Senhor, entregando a Ele todo dinheiro que Janjão me dava, pela sua conversão. Mas desafiei a Deus dizendo que só iria esperar a conversão do meu marido até 21 de novembro de 1998 - dia do aniversário do meu filho, que ia completar 1 ano.

A partir daí, foram 7 meses de clamor total, com oração, jejum e leitura da Palavra. Porém, 2 semanas antes do aniversário, apareceram caroços nos dois lados da garganta do meu filho mais velho, o João Paulo. Após vários exames, o médico disse que os linfócitos do meu filho estavam muito alterados em 57 mil (o normal é 3.500 a 10.000) e que provavelmente ele estava com leucemia. Ao saber disso, eu, Janjão e minha sogra ficamos desnorteados. Mas o aniversário do meu outro filho, João Victor, que já estava todo pronto, aconteceria na sexta-feira, dia 20. E no dia 21, sairia o resultado dos exames do João Paulo, que viriam de São Paulo.

Na manhã seguinte, dia 21 de novembro, meu esposo e minha sogra foram até o médico pegar os resultados dos exames vindos de São Paulo, para decidir o que seria feito com o meu filho. E o resultado do exame declarou que o meu filho tinha tido rubéola, toxoplasmose e rotavírus, que deu o mesmo diagnóstico de uma leucemia. Então eu falei para o meu marido: "Olha, amanhã eu vou apresentar o meu filho para Jesus." Ao que ele respondeu: "Eu vou com você."

No dia seguinte, quando estávamos no culto da Igreja Restauração, às 17h, o Janjão foi sozinho aceitar Jesus. Apresentamos nossos filhos e tudo se fez novo na minha vida e na minha família. Depois disso, em um encontro da igreja, o Janjão me pediu em casamento. Foi a maior emoção da minha vida. Então nós nos casamos, depois de 10 anos juntos. E recentemente, no dia 12 de junho de 2023, eu e meu marido fizemos 35 anos de casados, Bodas de Coral.

Eu orei muito e lhe digo que valeu a pena. Hoje, meu marido é meu amigo, meu namorado, meu pastor, o melhor pai do mundo e só Jesus pode fazer isso.

Agora eu quero te inspirar a crer neste Deus, que é vivo, poderoso e ama a família. Pois se Ele fez na minha vida, na minha família, fará muito mais na sua.

Creia, declare, chame à existência profetizando! Pois foi isso que eu fiz, um cartaz de oração (eu colocava em uma folha de cartolina na parede tudo o que eu queria que o Senhor fizesse na minha vida e na vida do meu marido, com nossas fotos. Separava área espiritual, familiar, financeira) e levava para o culto a Bíblia que um pastor deu a Janjão com o nome dele. Esta Bíblia representava-o. E eu dizia: "Ele está vindo. Ele está vindo!!!!" O que precisamos é crer, pois tudo é possível ao que crê!

Busque no Senhor a resposta que você precisa. A Palavra do Senhor, em João 15.7 diz: "*Se vós estiverdes em mim e as minhas palavras estiverem em vós, pedireis o que quiserdes e vós será concedido.*"

Confie que pedindo em oração e crendo com fé, você receberá. Creia que se você perseverar na Palavra de Deus a sua vida vai ter uma mudança INCRÍVEL. Em Hebreus 10:36 diz: "*Com efeito, tendes necessidade de perseverança, para que havendo feito a vontade de Deus alcanceis a promessa.*" Você vai alcançar a promessa. E eu creio que dentro de pouco tempo você vai ver tudo o que Deus pode fazer na sua vida, além do que você possa pedir ou imaginar.

Você nasceu para vencer e reinar nesta terra!!!

Você nunca possuirá o que não estiver disposto a buscar.

Cláudia Janjão

Dani Pretto

Sou Daniele Cristina Pretto Altenetter, tenho 41 anos, cristã, há 12 anos casada com Marcos Emilio Altenetter. Há 21 anos sou mãe de Vitor, há 9 sou mãe da Maria Emília.

Sou empresária há 12 anos no ramo da moda.

Passei muito tempo sem saber quem eu era, hoje me apresento como filha amada de Deus. Apaixonada pela minha família, acredito que o Senhor tem o poder de restaurar as famílias, que é nosso maior tesouro.

Dani_pretto

+55 (51) 99811-7380

dani@remoter.com.br

09 ACESSANDO A CURA ATRAVÉS DO AMOR

POR DANI PRETTO

Começo lhe afirmando que a salvação não é o que acontece por fora, ou mesmo aonde vamos ou fomos, ela só vira apenas de um único lugar: do nosso Pai! Pela simplicidade, Ele vem com o seu amor nos constrangendo e nos transforma a cada dia, a cada momento que vamos nos rendendo à sua presença, ele vai agindo cada vez mais.

Hoje você está lendo meu testemunho, por eu me render a uma direção extrema de Deus, pois por várias vezes pensei em desistir, mas eis-me aqui, uma filha obediente e corajosa que quer viver os planos dele.

Entendi que a obediência é a forma que temos para glorificar a Deus e Ele sendo glorificado, derrama sobre nós bênçãos sem medidas. Mas como nossas escolhas às vezes têm sido nos afastarmos do Criador e enveredarmos pelo prazer do pecado, acabamos não conhecendo sua graça e aos poucos vamos nos afastando dos nossos sonhos.

Minha mãe foi mãe solteira aos 28 anos, o que naquela época era bem difícil. Nasci em 02/08/1981, na cidade de Sapiranga/RS, sendo filha única e criada por minha mãe, meus avós e por alguns tios. Minha mãe trabalhava fora e eu passava a maioria do tempo com meus avós, todos faziam minhas vontades, era a neta preferida do vô. Mas mesmo tendo todos a minha volta, eu me sentia muito sozinha. Lembro-me muito bem da minha infância, brincando debaixo de uma árvore, me balançando, sentindo o vento me tocando e uma presença que eu entendia como um amigo imaginário, que hoje entendo que sempre foi Jesus ali, cuidando de mim.

Teve um tempo que tive a oportunidade de morar junto com a minha mãe numa casa de família, onde eles me receberam em sua residência entendendo a importância que tinha uma família e assim puder passar mais tempo na presença da minha mãe. Desde meus 13 anos já comecei a trabalhar e ajudá-la e assim, juntas, conseguimos construir aos poucos a nossa tão sonhada casa própria.

Ao engravidar aos 21 anos, também sendo mãe solteira do meu filho Vitor Gabriel, entendi que a história estava se repetindo: mãe solteira se sentindo abandonada e rejeitada, buscando de todas as formas sobreviver, levando comigo a forma que aprendi de educar o meu filho, de ter que ser forte e se virar da maneira que vida nos oferecia, com muita luta e dor.

Na busca intensa e frenética para preencher o meu vazio, comecei a procurar ajuda em vários lugares e com várias pessoas, fiz muitos cursos, diferentes tipos de terapia, metodologias, visitei várias religiões. Parecia que minha busca não tinha fim... Tinha uma sede em me curar e foi através do meu grande desejo de vencer, que sempre permaneci na constância de buscar e buscar, lutava todos os dias com a minha própria mente. Eu era sim, uma mulher forte e guerreira, mas sem nenhuma estrutura familiar. Tinhas dias que era quase insuportável aguentar as dores, me sentindo invisível para todos.

Sabe aquele momento da vida que a gente percebe que chegou no fundo do poço?! Pois bem, eu chequei bem no fundinho... descobri realmente que o inimigo vem mesmo para roubar e matar. "*O ladrão não vem senão a roubar, a matar, e a destruir; eu vim para que tenham vida, e a tenham com abundância.*" Jo.10:10. Foi em março de 2021 que descobri um grande trauma na minha infância, fui abusada sexualmente dos 3 até 11 anos. Foi um período difícil, quase toda parte da minha infância tive que me defender da maneira que dava, me sentia realmente no fundo do poço, fiquei totalmente sem direção, pois já tinha buscado ajuda em vários lugares e pessoas e nada completava o meu vazio, a minha dor que nesse momento se encontrava ainda mais intensa. Mas foi através dessa grande dor que entendi que **o fundo do poço pode ser a base sobre a qual você reconstrói sua vida!** Mal sabia que começava ali a grande virada da minha vida.

O primeiro grande passo da mudança foi quando reconheci Jesus como meu único Salvador, em um evento chamado IDS, do Pyero Tavolazzi. Naquele instante, compreendi aquela voz que sempre falou comigo durante todos os dias da minha vida, estava ouvindo e sentindo, mas de uma forma diferente. Meu corpo queimava com a presença do Espírito Santo, eu tive a certeza que iria começar a viver algo novo, a escrever uma nova história, a partir daquele momento. Ao me entregar a Jesus, senti entregando conscientemente o controle da minha vida para ele governar, sem mesmo perceber que o controle sempre foi dele! E nesse dia, também conheci Silvana Oliveira, onde me conectei com as suas experiências vividas e também com o seu propósito de restaurar famílias. O despertar começou e juntamente a isso o processo de mudança.

Na nossa infância, muitas vezes não recebemos o amor que tanto esperamos, devido os nossos pais ou cuidadores não conseguirem suprir nossas necessidades e achamos que não somos tão amados quanto desejamos. Cristo ensinou: "*Eu sou o caminho, e a verdade, e a vida. Ninguém vem ao Pai, senão por mim.*" (Jo. 14:6). Cristo está sempre disposto a nos ajudar, mas precisamos entender que a busca tem que ser constante por Deus, pertencemos a ele e ele anseia que nos acheguemos a ele.

Todo excesso esconde uma falta! Sem perceber, vivendo uma vida agitada, de um jeito auto-invasivo e destrutivo, expondo minhas faltas através dos excessos de trabalho. Dani se apegava a uma segurança chamada "dinheiro", trabalhava muito e consequentemente esquecia de sua família, deixando um grande vazio dentro do seu lar. Esquecendo, por muitas, vezes que a ordem é: primeiro Deus, família e depois o trabalho.

A grande virada

Quando não aguentei mais ser eu mesma e ainda percebi que estava perdendo minha família para o mundo, humildemente, com um coração quebrantado e arrependido, decidi pela dor a escrever uma nova história. Deus foi intenso comigo e começou pelo perdão, que não e só um sentimento, mas sim, uma escolha e uma decisão, que envolve amarmos e perdoarmos a nós mesmos e as pessoas, quando as amamos de uma forma incondicional, independente das circunstâncias.

Quando permiti Deus agir nas minhas emoções, ele me mostrou que o seu amor anula tudo que vem antes dele, vai varrendo o passado, as dores, os medos, Ele vai mudando tudo dentro de nós. Quando esse amor invadiu minha essência, o meu vazio foi sendo preenchido devagarinho, conforme fui largando o meu controle, meu orgulho. Ao olhar para dentro de mim e poder reconhecer que a mudança começa por nós mesmas, tive que realmente mergulhar nesse processo e investir na transformação da minha mente através de muitas ferramentas.

O primeiro passo foi reconhecer que o que me distanciava das pessoas era meu orgulho e assumir a responsabilidade das minhas ações e decisões, com muita humildade e coragem. Foi uma busca intensa pra entender que nunca é ou foi o que a outra pessoa fez ou deixou de fazer, sempre foi Deus me permitindo ir mais fundo para eu poder chegar mais perto da sua presença.

Fui colocando nos meus dias coisas simples como um abraço de 40 segundos, que me aproximava mais da minha família e das pessoas. Tive que também aprender a me amar, pois uma pessoa só consegue ajudar o outro e amar ao próximo quando se ama também.

Amor ao próximo é ajudar o outro sem desejar nada em troca, é um ato de compaixão e empatia, sem se deixar levar pelo orgulho. Sendo assim, é se importar com a vida do outro e tratá-lo com respeito, o amor que vamos cultivando começa a se tornar tão grande que vai surgindo a necessidade de espalhá-lo para as pessoas ao nosso redor, vai ficando "automático" e você vai olhar e desejar que todos brilhem a sua volta. E aí sim, voltamos à essência. Ele mesmo afirmou, em João 6.35: "*Eu sou o pão da vida. Aquele que vem a mim nunca terá fome; aquele que crê em mim nunca terá sede.*"

Aprender a importância do fortalecimento da identidade foi outro grande passo para minha mudança e acima de tudo permanecer na fé, aos poucos o meu vazio foi sendo completado com a sua presença. Mudei o significado do que aconteceu comigo para o aprendizado do que tive através da descoberta de quem EU SOU EM DEUS, aprendi o fortalecimento da minha identidade me fortalecendo todos os dias na presença em Deus.

Fui entendendo, ao passar dos dias, que amar ao senhor não se limita a proferir palavras de louvor ou comparecer às reuniões em nossas igrejas, mas sim, ter um coração obediente e rendido aos seus preceitos. Lembrando-nos todos os dias que os preceitos bíblicos jamais devem ser negligenciados e que todos os dias as distrações vão nos afastar dos nossos sonhos.

Assim como eu não conhecia esse caminho tão simples e de fácil acesso que Deus nos proporciona diariamente, eu te convido hoje a estar na presença dele, se olhar no espelho e olhar no fundo dos seus olhos e dizer: EU TE AMO E ACEITO VOCÊ DO JEITO QUE VOCÊ É! EU TE APROVO!

Feche os seus olhos e converse com ele. Se deixe ser guiada pelo Espírito Santo todos os dias da sua vida, acredite, ele é seu GPS, que te levará aos melhores lugares.

Existem muitos caminhos e várias formas, mas o único caminho que te levará a salvação é Jesus!

Dani Pretto

Débora Souza

Débora Souza, filha de Deus, esposa, mãe, *coach* integral sistêmico, pela Febracis; *coach* em performance familiar; pedagoga; pós-graduada em Psicopedagogia; mentora Experiência do Lar; palestrante.

Criadora do Devocional Café Florescer, que vem ajudando mulheres no Brasil e em diversas nações, a desenvolver um relacionamento com Deus e sua família.

Amo minha família e tenho trabalhado incansavelmente para ver famílias transformadas.

deborassouzaoficial

+55 (31) 99341-7623

debornep@gmail.com

10 PROSPERANDO NA TERRA DO SOFRIMENTO

POR DÉBORA SOUZA

É possível prosperar na terra do sofrimento?

É possível no dia da angústia e da dor experimentar a paz?

Antes de 2020, a minha resposta seria "não!", mas diante de tudo que vivi, posso lhe dizer que foi na terra do sofrimento que vi um Deus maior que toda as dores, soberano em todos os momentos e cheio de compaixão inexplicável.

Em setembro de 2020, com o falecimento inesperado da minha irmã, comecei a viver desafios indescritíveis e momentos de muita dor. Ela era uma mulher incrível, cheia do Espírito Santo e muito ativa no ministério, na família e no trabalho. Não sabemos explicar até hoje o que aconteceu, de repente aquela mulher tão extraordinária estava internada em estado grave, à beira da morte.

Venho de uma família cristã que acredita no poder da oração e na cura divina e por isso decidimos fazer o que era nosso costume e o que vimos nosso pai fazer desde a infância, clamar a Deus. Começamos uma campanha de oração e jejum em favor da vida dela, foram 15 dias de oração e muito clamor. Ficávamos do lado de fora do hospital orando (em plena pandemia, as visitas estavam restritas ao esposo). Depois de 15 dias, ela faleceu. Não podia acreditar no que estava acontecendo, nós oramos, nós clamamos! Me lembro de chorar até não aguentar mais e talvez você esteja lendo essas páginas assim, chorando a ponto de não aguentar mais.

Naquele momento de dor, a presença de Deus era quase tangível. Era um misto de dor e paz. Aquela paz que excede todo entendimento, descrita e prometida por Jesus aos seus servos. Ele prometeu estar conosco em todo o tempo e em todos os momentos, até a consumação dos séculos.

"Eu lhes deixo um presente, a minha plena paz. E essa paz que eu lhes dou é um presente que o mundo não pode dar. Portanto, não se aflijam nem tenham medo."
João 14:27

Tomei uma decisão no meio da dor: vou agradecer, vou adorar, me recuso a abrir meus lábios para questionar ou murmurar. Essa passagem das Escrituras se tornou meu lema:

"Sejam gratos em todas as circunstâncias, pois essa é a vontade de Deus para vocês em Cristo Jesus." 1Tessalonicenses 5:18

Em todas as circunstâncias, quer dizer em todas as circunstâncias. Durante o cortejo fúnebre eu chorava e agradecia. Agradecia pelo tempo que estivemos juntas, agradecia pelo tanto que ela me ajudou em momentos tão pontuais, como o nascimento da minha filha, agradecia pela misericórdia de Deus e quando já tinha agradecido por tudo, agradecia a presença de Jesus ali conosco.

Você está enfrentando muitas batalhas hoje? Nessas batalhas está murmurando ou agradecendo? Não são necessariamente as circunstâncias que nos destroem, mas o que fazemos diante delas, o nosso posicionamento é que irá nos promover ou nos rebaixar.

Naquele dia, recebi de Deus uma chave que me sustentaria nos próximos anos e creio que por toda vida, a gratidão nos fortalece. Quanto mais eu agradecia, mais forte eu ficava. Mal sabia que aquele era só o começo de um ciclo de inverno intenso. Deus é senhor das estacoes, inclusive as estações da nossa vida.

"Determinaste os limites da terra e fizeste o verão e o inverno." Salmos 74:17

Em 2021, papai caiu e quebrou o fêmur, foram longos dias de apreensão e quando ele se recuperou, meu irmão caçula teve COVID e ficou 21 dias internado. Oramos, jejuamos e agradecemos. Eu já sabia que a gratidão era a chave para ficar em pé, então não abria a boca para murmurar. As tempestades vêm, mas mas elas não podem destruir você. Preste atenção no que a Palavra de Deus diz:

"*As tempestades da vida levam embora o perverso, mas o justo tem alicerce duradouro.*" Provérbios 10:25

Não importa o que você esteja passando neste exato momento de leitura, esse não é o seu fim. É o começo de algo grande que Deus está fazendo em você e através de você.

Quando José achou que era seu fim, Deus o colocou como líder na casa de Potifar, quando satanás se levantou contra ele novamente lançando-o na prisão, Deus novamente o colocou como líder no cárcere. Sabe o que isso significa? **Você sempre estará no topo, porque Deus está no comando da sua vida e os propósitos dele sempre prevalecerão.**

Enquanto os ventos sopravam, Deus falava: "Continue, vou te enviar às nações. Adore e permaneça firme." E creio ser esta a palavra de Deus para você também. Continue orando, continue crendo, continue selando suas orações com ações de graças. Você pensa que é o fim, na verdade é o começo de um novo tempo. Já observou como as árvores ficam no final do inverno? Olhamos para algumas e tudo que vemos nos diz: "É o fim!" e de repente a estação muda, chega a primavera e elas começam a florescer.

Quando meu irmão melhorou, papai e mamãe pegaram COVID, já era setembro de 2021. No dia 21/09/21, mamãe faleceu. Faltavam 8 dias para fazer um ano da partida da minha irmã. Não sei descrever para você a dor daquele dia. Eu me ajoelhei e comecei a adorar ao Senhor. Cantei a fidelidade de Deus. Era a única coisa que conseguia fazer. Lembre-se disso: "O justo tem alicerce duradouro."

Quando chegamos do sepultamento falei com o Senhor:
E agora Pai? O mundo perdeu a cor. Ele me respondeu: "Agora continua no propósito". Eu perguntei: qual é a propósito, Pai? Eu não conseguia ver. Ele respondeu: "Café Florescer" (Deus sempre nos anunciará Sua vontade e Seu amor).

Mamãe partiu para o Senhor na terça-feira e no sábado fiz a primeira live do Café Florescer no Instagram. Deus me deu motivos para continuar, o propósito para o qual fui criada. Você sabe que sua existência não é obra do acaso? Continue avançando no propósito de Deus pra você. Aquela obra que você começou e parou, aquele projeto que está no meio do caminho, sua família, seus discípulos, enfim, continue avançando e pare.

Querida leitora, na época, meu Instagram tinha 500 seguidores, hoje já passamos de 15 mil pessoas. Deus me disse: "Te farei crescer e prosperar". E assim tem sido.

Sete meses depois, papai também partiu para o Senhor. Ficou muito doente depois da morte da mamãe. Foram 7 meses de oração e clamor, idas e vindas do hospital, mas muita gratidão em todos os momentos.

"*Dediquem-se à oração com a mente alerta e o coração agradecido*". Colossenses 4:2

Alguns sentimentos tomam conta do nosso coração quando estamos vivendo tempos difíceis, você quer que o mundo pare para ver o seu sofrimento, mas quando olhamos ao redor, a vida está continuando, o mundo está se movimentando e é nesse exato momento que percebemos que Deus está de olho em nossas vidas, para nos ouvir, nos amparar, cuidar das feridas da nossa alma e nos ajudar a continuar na caminhada.

Está lembrado da pergunta que te fiz no início? É possível prosperar na terra do sofrimento? Olhando as Escrituras, vemos que foi na terra do sofrimento que José prosperou. Na terra do sofrimento José cresceu, se tornou um homem e aperfeiçoou sua liderança.

Nesses 3 anos de tempestades no alto-mar da vida, Deus me fez crescer e prosperar. Quanto maior era a dor, mais experiências com Deus e crescimento, eu experimentava e continuo experimentando.

Quando José foi colocado como governador do Egito, Deus lhe deu uma família e veja o que ele disse quando seu segundo filho nasceu: "*José chamou o segundo filho de Efraim, pois disse: 'Deus me fez prosperar na terra da minha aflição'*." Gênesis 41:52

Foi na terra da aflição que ele cresceu como líder, se destacou e se tornou uma referência para sua geração. Eu creio que no momento específico em que estamos vivendo, tempos que antecedem a volta de Jesus, Deus está levantando na terra da aflição homens e mulheres que não estão se dobrando diante das circunstâncias, pelo contrário, estão posicionados, crescendo e prosperando, se tornando referencia, sendo luzeiros no mundo, como o apostolo Paulo afirma em Filipenses 2:15.

Se você permanecer firme, vai experimentar a bondade de Deus em todas as áreas da sua vida. Quero te incentivar a pegar um caderno e fazer uma lista de 20 coisas pela qual você é grato hoje. Faça esse exercício todos os dias.

Ore, adore e agradeça.

O que Deus tem falado com você acerca do seu futuro? Em todos os momentos de angústia, eu me agarrava às promessas de Deus e prosseguia, tendo em mente que Deus é bom e fiel. Tenho certeza de que Deus te falou coisas extraordinárias acerca do seu futuro. Você tem essas promessas anotadas? Tem um quadro onde você as visualiza? No dia 12 de junho, fiz o primeiro Café Florescer presencial na Europa. Deus falou que faria e Ele fez.

Pare agora e anote todas as promessas que Deus tem feito a você.
Imprima imagens e agradeça. Veja o que Deus falou para Habacuque:

"*O Senhor me respondeu e disse: Escreve a visão, grava-a sobre tábuas, para que a possa ler até quem passar correndo.*" Habacuque 2:2 ARA

Que Deus te abençoe e realize todos seus sonhos em nome de Jesus. Profetizo dias felizes sobre você e sua família.

Você sempre estará no topo, porque Deus está no comando da sua vida e os propósitos dele sempre prevalecerão.

Débora Souza

Elis Lima

Sou Elis Lima, esposa, mãe, profetisa, líder, psicanalista cristã (especializada em família) e empreendedora no ramo da estética: todas estas funções e ambiências constituem minha fonte inesgotável de aprendizado e realização pessoal.

Como profetisa e psicanalista, vivi a dádiva de alcançar inúmeras pessoas, inspirando, orientando e encorajando-as a alcançar seus objetivos, superar desafios emocionais e fortalecer os laços familiares.

Minha vocação é aplicar habilidades (e, concomitantemente, paixões) no desenvolvimento de uma sociedade melhor. Tudo converge no propósito de servir com excelência, para que outros também descubram seus dons e dediquem sua vida àquilo que é relevante.

ellismoreiralima

+55 (11) 99439-5899

11 VITÓRIA SOBRE A DOR

POR ELIS LIMA

Aos 7 anos, perdi o meu pai. Quanto à minha mãe, uma mulher nordestina, guerreira e trabalhadora, viu-se rodeada por seus seis filhos pequenos e por todos os desafios implícitos na criação e formação dos frutos de seu ventre. Nessa idade e sob esse contexto, me deparei com a minha "improbabilidade". Estive "sem chão", sem apoio e sem direção. Era um cenário totalmente conturbado para uma menina de apenas 7 anos.

Nesse período, impulsionada pela necessidade, tomei uma atitude: procurei um vizinho e pedi para fazer algumas sacolas a fim de que eu pudesse comercializá-las na feira em que eu e meu irmão íamos. O objetivo era obter recursos para ajudar a família.

Em certo dia, ao perceber que não estava vendendo muitas sacolas, fiquei muito triste, mas observei que, geralmente, muitas pessoas procuravam coentro e cebolinha. Então, pedi a Deus auxílio para que eu vendesse uma sacola, pois queria comprar sementes e plantar, a fim de passar a vender cebolinha e coentro.

A nossa casa era muito grande, tinha um quintal enorme com uma amendoeira. Ao chegar, rapidamente, fui semear pensando que algumas horas depois, colheria. Fiquei muito triste e chorei quando, no dia seguinte, vi que não havia sequer um sinal de coentro.

Minha mãe, que me observava, passou a me ajudar a semear. Começamos ali um pequeno plantio de coentro, cebolinha e cenoura. Lembro- me da alegria ao ver surgirem os primeiros ramos. De alguma forma, naquele momento, o Senhor me ensinava que a minha trajetória seria dessa forma: Ele transformaria a minha história através da semeadura.

O dia em que fiz a minha primeira colheita foi muito emocionante. Acordamos às 4h e, logo cedo, às 6h, já estávamos na feira para vender. Isso foi marcante na minha vida!

Pouco tempo depois, vivi um dos momentos que jamais esperei: talvez, meramente compelida pela necessidade, desejosa por me preservar (em amor), envolvida por tantas sensações e sem saber como proceder, minha mãe optou por me "entregar" para "familiares próximos", por quem fui criada. Mesmo semeando e colhendo a nossa pequena porção, os recursos obtidos eram insuficientes para o sustento de seis filhos. Iniciei uma fase permeada por muita insegurança, agressões verbais, físicas e rejeição devido à falta de sabedoria dos que me cercavam, mas (mesmo inserida em um cenário tão desfavorável) pude entender que fui escolhida por Deus para viver algo diferente. Percebi o cuidado de Deus em detalhes da minha história: meu coração era inocente, cheio de amor e inclinado a liberar perdão.

Aos 15 anos, decidi retornar para a casa da minha mãe. Comecei a trabalhar em uma loja de calçados com um único propósito: juntar um pouquinho de dinheiro para ir a São Paulo em busca de uma vida melhor. Ao migrar do Nordeste para a maior metrópole do país, passei a buscar o meu primeiro emprego e a oportunidade encontrada era para ser cuidadora de um cão. Fiquei assustada! Na verdade, me senti desesperada.

Tinha muito medo de cães, porque aos 5 anos fui atacada por um da raça *rottweiler*. Ao chegar ao estado de São Paulo enfrentei o desafio de ser *pet sitter* e cuidei de um animal da mesma raça pela qual fui atacada.

Mesmo passando por tantos desafios, ainda continuava a sonhar e nutrir dois grandes objetivos dentro do meu coração: eu almejava ter **um lar**, (conquistar uma casa própria, pois queria aplicar aquela cera vermelha e viver a satisfação de deixar tudo cheiroso e brilhante); e **uma filha** (pois nunca tive uma boneca). Hoje tudo isso é uma realidade, pela graça de Deus!

Aproveitei as oportunidades que tive e me dediquei: sob muito esforço, juntei cada centavo compreendendo o quanto isso era relevante para as realizações tão desejadas. Tive a oportunidade de trabalhar em uma organização multinacional e ali fui convidada, depois de oito meses, para atuar em uma outra empresa onde vivi um período marcante, com muita gratidão pela porta que o Senhor havia aberto. Neste ambiente, identifiquei a oportunidade de, antes de realizar os meus sonhos, realizar os projetos e desejos de alguém a quem eu tanto amava e admirava: a minha mãe, uma mulher guerreira, generosa e feliz.

Muitas vezes as lembranças do passado, as cenas da rejeição, do abandono e a culpa vão se alastrando na alma e, desse cenário, surge o caos, porque dentro de todo adulto existe uma criança (muitas vezes incompreendida ou ignorada) cujos sonhos talvez tenham sido roubados, assim como a esperança, por falta de amor, carinho ou até mesmo de estabilidade. O que este adulto carrega é medo, insegurança: sente-se incapaz de mudar a sua própria história.

Compartilharei as especificidades: entre 7 e 8 anos, quando vivi um daqueles dias de caos, me senti rejeitada, pois fui convidada a sair de casa, sem compreender os motivos, além de ser também atingida pela incompreensão das pessoas a respeito do que sentia e do quanto tudo aquilo impactou a minha alma. Diante daquelas condições que surpreenderam o meu coração, eu não percebia nenhuma probabilidade de viver as coisas extraordinárias pelas quais fui alcançada. Naquele tempo, segui em busca de abrigo. Lembro-me dessa criança que não foi pega pela mão e não ouviu alguém dizendo que era necessário continuar onde estava e suportar tudo o que estava passando. Tornei-me uma mulher com algumas lembranças que fortaleceram raízes de insegurança.

Em muitos momentos, fui envolvida pela sensação de incapacidade, mas de repente, em um desses dias no quarto escuro, ouvi uma voz dizendo: "Se você soubesse o quanto eu a amo..."

Vivi uma guerra! Um misto de sensações, pois além de conhecer o timbre de Deus, enquanto a depressão estava batendo à porta, havia também uma voz que dizia que eu não era capaz de realizar os meus projetos e sonhos, e que seria melhor tirar a minha própria vida. Não tinha ninguém ao meu lado, e eu estava em meio à escuridão, deitada no chão de um quarto. Os argumentos eram "pesados": os pensamentos reiteravam que ninguém me amava e que eu estaria impossibilitada (para sempre) de viver algo diferente daquilo que os meus olhos contemplaram até ali. Quando decidi fazer o que aquela voz maligna sugeria aos meus ouvidos, pude ouvir uma canção que afirmava que "o Deus do impossível" não havia desistido de mim. Naquele exato momento, vivi a minha primeira experiência com Deus! Pude vê-lo no formato de um corpo de fogo, e Ele me dizia: "Vá, porque Eu sou contigo! Avance, porque vou lhe sustentar."

Livre-se de todas as crenças limitantes e coloque a sua confiança no Senhor. Não estimule lembranças de dor, e não supervalorize os fatos que lhe geraram dores ou insegurança: é tempo de viver o novo. Acredite no poder do Deus invisível! Você está sendo marcada por Ele para viver o melhor. Você nasceu para vencer.
Uma mulher da Bíblia fez um voto e viveu uma experiência sobrenatural. Ana desejava ter um filho e sua vida estava repleta de tristeza e angústia. Contudo, resolveu posicionar-se no altar da oração. Em I Samuel 1: 11 há o registro de que Ana votou, e propôs que se o Senhor atentasse ao seu sofrimento e respondesse à sua oração concedendo-a um filho, então ela dedicaria esse menino ao Senhor por todos os dias de sua vida e seus cabelos nunca seriam cortados.

Ana ofereceu "em sacrifício" um milagre que ainda nem tinha sido gerado. Apresentou a Deus a sua súplica, a sua dor, e o Senhor a respondeu, fazendo-a conceber um menino chamado Samuel. Ela cumpriu seu voto!

Inspire-se na Palavra: ela transformará a sua história, o seu ministério, a sua casa, a sua parentela... Nesse momento, o Eterno está ordenando (por uma asserção, por sua Palavra) um grande milagre para a sua história.

Você é preciosa para Deus, escolhida para reinar com Ele. As bênçãos lhe alcançarão. Haverá liberação. Seu destino não será impedido! Ele lhe chamou para viver algo extraordinário. Levante-se em meio a essa guerra espiritual que você está vivendo. Há um convite a viver uma experiência com o Deus invisível. Dobre os seus joelhos, adore-o. Não existe honra maior do que possuir a presença do Eterno. Ele marcou um encontro contigo agora!

Em 2020, recebi as notícias mais difíceis da minha vida: perdi minha mãe, três dias depois, a minha irmã, três dias depois, um primo e logo em seguida, um tio. Naquele momento, só me restava permanecer na presença e convidar este Deus que é poderoso, consolador. Em meio ao luto, em meio a tantas dores e a um cenário de caos, pude adorar ao meu Pai. Eu me vi como Jó, mas tive também a chance de adorar e honrar a presença de Deus em minha vida. Pude então contemplá-lo a me consolar, fortalecer, reanimar, trazer esperança. Ele me fez respirar de novo!

Não sei qual é o cenário, a tempestade que você está vivendo, contudo, saiba que existe um Pai e quando você tiver este encontro com Ele, a sua esperança vai crescer. No dia do luto, no dia da alegria, no dia da abundância ou da escassez: em todo tempo o Senhor está presente. Você entenderá que a presença Dele é o seu maior prazer, é lugar de refúgio! Posicione-se agora, mulher!

Assim como estou compartilhando a minha experiência e as minhas superações, você também pode registrar um memorial de seus ciclos e rememorar as bênçãos e milagres que Ele tem feito!

Descubra a sua verdadeira identidade n'Ele, ocupe o seu lugar de adoração. Mesmo no meio dessa tempestade que está vivendo, existe um Deus invisível que vai curar todas as suas feridas, mudar o seu cenário e lhe dar força, alegria, esperança e fé. Ele restituirá a sua alma! Você resplandecerá. Olhe no espelho e diga que você nasceu para triunfar sobre todos os desafios que a vida colocar no seu caminho, porque o Espírito Santo de Deus se move em você, e lhe dá essa chave poderosa: prevaleça, permaneça, persevere! Não acabou; não é o fim. As dores não lhe matarão.

Fortaleça-se, pois você é um instrumento para fortalecer outras. Deus lhe fará viver a plenitude projetada para a sua vida. Receba o toque do Espírito Santo! Levante-se, passe batom, porque tem coisa boa chegando para a sua vida!

No amor de Jesus, Elis Lima.

Levante-se e passe batom, porque tem coisa boa chegando.

Elis Lima

Fabiana Barbosa

Sou Fabiana Barbosa, cristã, esposa de Vladimir Santos Ribeiro, tenho formação em Letras, Administração Pública e Pedagogia. Tenho 20 anos de experiência na Liderança de Gestores e há 2 anos atuo como mentora e líder de mulheres.

Criadora do Método Lidere-se, que tem ajudado mulheres que têm como objetivo serem líderes de suas próprias vidas.

Especialista em Liderança com Propósito, Autoimagem, Deus na Liderança, Planejamento, Motivação e Gerenciamento de Conflitos. Formação em *Professional & Self Coach, Leader Coach, Life Coach* e Analista Comportamental pelo Instituto Brasileiro de Coach (IBC).

Estou à disposição para ajudar você a tomar as rédeas de sua vida.

eusoufabianabarbosa

+55 (16) 99187-4841

fabianabarbosaoficial

fabianapaula1203@gmail.com

12 UM SIM PARA OUVI-LO

POR FABIANA BARBOSA

O poder de um "sim" é algo incalculável, especialmente se este sim é para aquele que é o Senhor de todas as coisas, o dono do ouro e da prata, aquele que tece destinos, restitui sonhos e conecta propósitos.

Tudo começou a partir de um "sim" que mudou e tem mudado a minha vida e tudo a minha volta. Em setembro de 2021, eu, minha irmã e meu marido fomos à Conferência Destino, em São Paulo. Foram três dias na presença do Senhor, muitos impactos, muitas verdades reveladas e o fatídico "sim" que me trouxe até aqui.

Não foi tudo fácil até chegar a este momento, pois nada estava programado, eu e minha irmã compramos os convites para a conferência pensando que era uma conferência de empresários, mas dias próximos ao evento, recebemos o cronograma com os detalhes e com os conferencistas dos três dias; meu coração acelerou, pois só havia pastores, lideranças cristãs e evangélicas, e cadê os empresários? Falei com minha irmã para desistirmos e ela concordou, pois não tínhamos nada para fazer em um evento daqueles, mas o contato com a administradora do cartão daria um trabalho enorme. Pensei em outras saídas, mas nada resolveria nosso problema, até que olhamos uma para a outra e decidimos ir, pois com certeza Deus explicaria por que estava nos chamando para aquele lugar.

Chegamos no primeiro dia e já na abertura o Pai se apresentou e falou ao nosso coração o quanto era necessário estarmos ali. Fomos impactadas, pois já estávamos em uma busca constante por direcionamentos e respostas. Aquela atmosfera profética tomou conta de nós, mas o ponto forte foi sentirmos e ouvirmos o chamado do Pai, que tomou conta do nosso ser e prontamente dissemos sim a Ele. Não foi um sim para aceitar Jesus, pois Ele sempre esteve conosco ao longo de nossas vidas.

Embora tenhamos passado por várias religiões e percorrido diversos caminhos, Ele sempre foi nosso abrigo, nosso refúgio na hora das aflições. Nosso sim foi para ouvi-lo, isso mesmo: "um sim para ouvi-lo", já que antes pedíamos, clamávamos e agradecíamos, mas parar para ouvi-lo não era uma prática, nem sabíamos o quanto era precioso ouvir a voz de Deus. Não foi apenas um sim, mas houve um "Eis-me aqui" para acompanhar, pois é na prática que demonstramos o quanto estamos disponíveis para obedecer a Deus e seus desígnios.

De volta a nossa vida, começamos a praticar o que aprendemos, intensificamos nosso momento diário com Deus e aprimoramos nossa forma de orar, mas em nossos corações ainda nos perguntávamos: como Deus fala com as pessoas? Não tardou para Ele responder, na prática, como isso funciona. Estava eu e meu marido, na madrugada, ele já dormia e eu nada de pegar no sono, fechava os olhos e muitas informações ainda pairavam na mente, tudo ainda confuso devido aos últimos dias. Até que comecei a ver imagens de roupas femininas passando na minha frente, eram vestidos, *blazers*, calças, camisas e saias. Mas não se tratava de roupas comuns, eram roupas cuja estampas continham passagens bíblicas. Me lembro da nitidez que vi uma saia plissada com a imagem de Moisés abrindo o Mar Vermelho. Ainda confusa, levantei e anotei tudo com receio de esquecer algo, no outro dia contei só para minha irmã e ela me disse: "Fá, vamos orar, pois Deus está falando conosco".

Passamos a orar e falar sobre o assunto nos dias e meses seguintes até que em uma mentoria da Silvana Oliveira, a "Ame-se", após uma das aulas mandei um áudio para ela contando sobre o ocorrido, ela ficou impactada e de imediato entendeu que era Deus nos entregando algo muito grandioso e começou a orar pelo seu papel nisso tudo.

A cada dia, Deus ia entregando algo novo e já em outra mentoria da Silvana, chamada "Negócios Inteligentes", eu e minha irmã estávamos desenhando alguns modelos de roupas e minha sobrinha, Valentina, de 8 anos, apresentou também seu desenho: era um vestido, com o detalhe do Espírito Santo do lado esquerdo do peito; naquele momento, entendemos que não era para vestirmos somente mulheres e sim, crianças também. As orações continuaram, então Deus me entregou que esse negócio era para impactar e restaurar famílias, e que seria uma nova forma de fazer negócios através da Alta Costura Cristã, isso mesmo, Papai do Céu nos presenteou com a ACC.

Em uma aula da mentoria Negócios Inteligentes, Deus entregou a Silvana que precisaria ser escolhida uma peça-chave para ser trabalhada na Alta Costura Cristã (ACC) e mais, tinha a ver com linho, e ela obedecendo nos entregou a palavra recebida. Naquele momento, tudo fez sentido, pois o linho faz parte da nossa história familiar e entendemos que era Deus nos preparando para essa entrega. Decidimos a partir da necessidade de termos vestes para oração, que nossa peça-chave seria um vestido de linho branco, ou seja, vestes brancas de linho puro para esperar a vinda do Salvador.

Somos filhas de Noé e Graciosa, somos em quatro irmãos, dois homens e duas mulheres de uma família humilde e crescemos em uma cidade onde imperava os sobrenomes, e nós não possuíamos posses que tornassem nosso sobrenome relevante. Por isso, mamãe desenvolveu uma tática, mesmo sem ela saber, era Deus preparando-nos para o futuro que Ele nos reservava. Mamãe trabalhava muito e quando tinha algum evento na cidade, ela comprava uma roupa de linho para cada uma, pois assim ela nos colocava à altura das demais moças de posses. Era como se mamãe dissesse: "Vão seguras, pois estão envoltas do pano sagrado que há milhares de anos também envolveu o Salvador." Além da história em nossa família, tem a importância do linho na Antiguidade e na Bíblia, onde em várias ocasiões o linho puro é citado e representa a pureza almejada por quem quer, de fato, estar digno para esperar o Salvador quando Ele vier nos resgatar.

No meio desse processo, eu e a Andréia fomos para a Conferência Modeladas e lá recebi uma palavra profética do profeta pastor Victor Hugo, que pregou sobre a importância da filha de Faraó na vida de Moisés. Em seguida, ele me chamou, fui batizada no Espírito Santo e ao voltar para meu lugar, ainda perguntei a Deus se era comigo que Ele falava, pois vinha no meu coração e na mente o projeto Alta Costura Cristã e que a minha "filha de Faraó" estava naquele lugar. Novamente, o pastor Victor Hugo me chamou e fui batizada no Espírito Santo outra vez, uma confirmação de que era comigo que Deus falava. Voltando ao meu lugar, avistei a Silvana Oliveira, de vestido branco e sabia que era ela que Deus mostrava como minha "filha de Faraó". Imediatamente, mandei um áudio para ela contando o que havia acontecido, mas sem entender muito.

Retomando o projeto, precisávamos fazer um MVP (Minimum Viable Product)[1] para apresentar na mentoria Negócios Inteligentes e para futuros investidores, afinal, não tínhamos como viabilizar esse produto e fazê-lo chegar às famílias e lideranças cristãs, que é o objetivo. Buscamos uma costureira e uma vizinha da minha irmã que trabalha em um ateliê levou a ideia até à dona e ela, sem nos conhecer, abraçou a causa e viabilizou tudo que era preciso para produzir o MVP.

Não tínhamos outro assunto e a cada dia Deus nos restaurava através das orações, nas trocas de experiências com Ele e assim convidamos um de nossos irmãos para ir à Igreja Lagoinha, onde frequentamos e ele aceitou, ficamos muito felizes e em uma conversa, contamos sobre o projeto para ele, que ficou impactado e através dele Deus nos deu mais uma revelação. Nosso irmão sugeriu que fizéssemos ternos e camisas para homens também e então tudo ficou claro, que Papai criou a Alta Costura Cristã (ACC) para vestir famílias e lideranças cristãs.

O MVP começou a ser construído e precisávamos de um louvor para apresentar esse "vestido de oração" para todos e começamos a pensar em tantos que falam sobre o linho e as vestes brancas, mas Deus é pleno em suas obras: em uma madrugada, entregou um louvor para minha irmã Andréia Barbosa, cuja história está relatada no capítulo de sua autoria neste livro. Com a entrega desse louvor, precisávamos colocar a melodia e Deus nos falou prontamente sobre nosso sobrinho Vinícius Barbosa, que é músico e poderia nos ajudar, juntamente com a irmã Maria Vitória, pois há alguns anos tentaram cantar juntos, mas não conseguiram seguir a carreira por falta de investimento. Chamamos eles e contamos sobre tudo que Deus nos entregou, eles obedeceram e começaram imediatamente a trabalhar na melodia do louvor.

Nossos assuntos sempre traziam a Palavra e aos poucos Deus foi ressuscitando os sonhos do Vinícius e da Maria Vitória, que voltaram a cantar

1 Produto Mínimo Viável.

e a ter esperança de algo novo em suas vidas. Deus foi costurando nossos destinos e restituindo a nossa família, especialmente a família de meu irmão, e o resultado foi a criação de uma célula na casa deles, onde todos se sentam ao redor da mesa para receber e conversar sobre a Palavra de Deus. Deus tinha muito mais a fazer do que apenas concretizar um vestido ou um louvor, a ACC é sobre isso, e mesmo que tudo parasse aqui já teria valido a pena.

O MVP e o louvor ficaram prontos e imediatamente encaminhamos à nossa mentora Silvana Oliveira, porém, quando consegui postar a tempo o "pacote" e saí do Correio, foi uma experiência surreal, pois ouvi audivelmente o Senhor me dizer: "Calma, pois o seu Moisés já está descendo o rio rumo às mãos da filha de Faraó". Meu Deus! Entendi a palavra profética recebida e minhas pernas bambearam, eu chorei e dei graças.

Ainda estamos na busca por investidores e cremos que quando Deus dá a visão, Ele dará a provisão. Não tem sido dias fáceis, mas com Deus vale a pena viver cada processo e o mais importante de tudo isso é poder mostrar ao mundo uma nova forma de fazer negócios, que vai além de alcançar resultados financeiros e sim, visa e alcança resultados surreais, como a restauração de famílias até a ressuscitação de sonhos e conexão de destinos, atendendo aos anseios de famílias que queiram revelar e testemunhar a glória de Deus através de suas vestes.

Quer conhecer, compartilhar e investir nesse projeto? Acesse o QR Code e nos conecte através dos contatos.

QR Code da história da Alta Costura Cristã (ACC)

Vão seguras, pois estão envoltas do pano sagrado que há milhares de anos também envolveu o Salvador.

Fabiana Barbosa

Fernanda Bernstein

Fernanda Bernstein, viúva, mãe do David, Nathan e Artur.

Pastora, serva de D'us, *master coach* com 25 anos de profissão treinando pessoas, empresas e equipes. Formada em Administração de Empresas e pós-graduada em Marketing. Mestre em Gestão de Pessoas. Também formada em Teologia e Terapia familiar. Graduada em Neurociência. Membro da ONU com função diplomática na ITWLA, instituição diplomática de líderes de terceiro mundo.

Palestrante internacional, criadora do método "Conquiste-se!", escritora do livro "IRRITA?", que foi best-seller e esteve presente em todos os programas importantes de TV, tais como: Jô Soares, Adriane Galisteu, Leda Nagle e o Fantástico. Apaixonada pela vida, certa de que àquele que nos prometeu a vida abundante é infinitamente poderoso para cumprir todas as Suas promessas.

13 CABEÇA ERGUIDA, SEMPRE BUSCANDO A ABUNDÂNCIA

POR FERNANDA BERNSTEIN

Numa madrugada de tempestade, um L na pista de um caminhão em alta velocidade mudou completamente o destino da minha família. Morreu, em um acidente de carro, meu marido e meu amor, além de ser o pai dos meus filhos e a minha única irmã. De uma só vez, sem tempo para despedidas, se foram as duas pessoas mais importantes da minha vida!

Em um quarto de hotel, com 3 crianças pequenas: David 10 anos, Nathan 6 e Artur 5 que viajavam comigo para uns dias de descanso, recebi ali - voltando de um dos cultos mais lindos que já presenciei na vida - a terrível notícia, aliás, dada sem nenhum cuidado, que ambos haviam falecido de forma abrupta.

Vínhamos de um tempo super desafiador no quesito perdas. Já havíamos perdido seguidamente minha mãe, minha avó, meu sogro e meu pai...todos se foram em menos de 2 anos. Muitas duras perdas! Mas àquelas seriam as que mudariam tudo para sempre em nossas vidas.

Voltamos em situação de urgência de Salvador à Uberlândia. Fomos colocados em um voo de volta para chegarmos em tempo para o encerramento do velório (voo super longo de volta) e para o enterro, que graças a D'us[1] pôde acontecer no mesmo dia, no fim da tarde do dia mais tenebroso que um ser humano pode viver nessa terra.

Quando voltamos para casa e fechamos a porta, nossa nova verdade estava ali. Os três pequenos, eu e um mundo de coisas para resolver! Nunca imaginei que uma vida tinha tanta coisa para resolver, como quando peguei ambas as vidas, do meu marido e da minha irmã, para cuidar de tudo o que eles haviam deixado para trás. Duas jovens vidas em andamento, ceifadas abruptamente!

1 D-us, ou D'us, é uma das formas utilizadas por alguns judeus lusófonos para se referirem a Deus sem citar seu nome completo, em respeito ao terceiro mandamento recebido por Moisés pelo qual Deus teria ordenado que seu nome não fosse invocado em vão.

- Como eu poderia imaginar que o meu marido iria embora desse mundo, aos 42 anos de idade gozando de perfeita saúde?
- Quem se organiza plenamente, no auge de sua vida e conquista para deixar tudo bem arrumadinho para a família e filhos?
- Quem sabe o dia e a hora?

Pois é! Eles não imaginaram. Eles não programaram e nem deixaram nada "organizadinho", esperando por esse dia.
Sabe aqueles dias que parecem não acabar?
Vivemos por anos assim!
Resolvendo desafios gigantes, diariamente.

TRÊS COISAS EU TINHA A CERTEZA:

1. Filhos eram minha prioridade.
2. O mundo não para, para sentirmos nossas dores.
3. Quando temos certeza de um propósito, nada nos para.

E foram essas coisas que me fizeram suportar os piores anos da minha vida. Sem parar um único dia! Digo, um único dia. Me entendeu? Sem murmurar, sem reclamar e, principalmente, sem perder a fé.

Curiosamente, em momento nenhum, eu me revoltei contra D'us. Ao contrário disso, sempre vinha à minha mente o versículo que diz:
"*Deem graças em todas as circunstâncias, pois esta é a vontade de D'us para vocês, em Cristo Jesus!*" I Tess.5:18
É isso aí...
Em tudo!!!!
Em tudo? Sério?
Até em uma tragédia dessas?
Sim! Ele não perdeu o controle um único segundo e todos já éramos d'Ele quando tudo aconteceu.

Fortalecidos pela fé e no servir por longos anos à Igreja e ao Reino, assim vivíamos quando fomos acometidos dessa fatalidade.

Por que D'us havia recolhido duas peças tão importantes em Sua obra?

Não! Essa não era a minha pergunta, mas talvez fosse a da maioria, tendo em vista que além de grandes empreendedores e semeadores na obra, também eram dois pastores de uma igreja grande e poderosa em nossa cidade.
Naquele tempo, a única coisa que me vinha à cabeça, como pastora também de um grande rebanho e mãe, era jamais deixar que minha dor fosse maior do que a minha responsabilidade em servir e guardar a vida daqueles que D'us havia confiado a mim, a começar pelos meus três pequenos.

"De que adianta ao homem ganhar o mundo inteiro, e perder a sua alma?" (Mc.8:36)

Portanto, com dor em meio aos escombros, não parei um único dia.
Como você não parou? Não chorou? Não desistiu? Desanimou?

Gente! Essa é a parte mais simples de entender. Nenhuma dessas palavras acima, estava dentre as minhas opções. Desistir nunca foi uma opção para mim. Eu estava, mesmo que longe demais da vitória, trabalhando em todas as áreas da minha vida e de minha família, para encontrar a promessa da vida abundante. Você sabia que essa é a promessa de D'us para nós? Uma vida abundante! Sim, a promessa daquele que não falha, não mente e não deixa de cumprir nenhuma de Suas promessas.

Ainda permanecemos no lugar das nossas dores por longos seis anos. A gente pensa que conta com um e com outro, mas no fim, o único que não nos deixa é D'us. Muita decepção e tristeza durante esse tempo, mas aprendendo, dia após dia, em quem confiar e em tudo dando graças.

Aprendi que:

1. Pessoas fogem de pessoas com problemas.
2. Pessoas não gostam de quem está com problemas.
3. Pessoas não querem fazer parte do seu problema.
4. Pessoas não gostam de ser chamadas para resolver seus problemas.
5. Pessoas amam dar palpites, mas não fazem nada ou fazem muito pouco pelo seu problema.
6. Pessoas amam falar do seu problema, principalmente em rodinhas de fofocas, mas ninguém bate à sua porta para saber o que você está precisando.
7. Pessoas falam muito e falam sempre, mas você pode vencer tudo isso, sem ouvi-las e seguindo em frente.

Decidi então, depois de tudo muito bem delegado, porque não eram poucas as obras do Senhor e afins, finalmente, irmos embora do lugar das nossas terríveis dores.

Como eu tinha muitas responsabilidades, foram necessários 6 anos para ter a vida levemente organizada para mudar de rumo. Não disse resolvida, mas levemente organizada, apenas ao ponto de nos permitir sair dali e então, literalmente da noite para o dia, chamei o caminhão da mudança e partimos à terra prometida.
Porque queridos, uma tragédia como essa, não se resolve assim, de um dia para o outro. Não há um milagre instantâneo para todo esse "terremoto", mas um processo com pequenos milagres diários até que a vida possa ser verdadeiramente transformada.

Então, eu decidi que precisava ir para um lugar novo, onde ninguém me conhecesse ou tivesse pena dos meus filhos. Sempre odiei o papel de vítima e fugi disso a minha vida toda. Esse não era o lugar que queríamos. Vítimas sofredoras nunca serão protagonistas das suas histórias ou heróis! E eu amo os heróis e sempre desejei ser e ter heróis na minha casa!

E foi assim que me mudei para uma cidade onde não conhecíamos ninguém.

Chegamos com o que o meu pai me ensinou ser o único necessário para crescer e vencer - caráter e conhecimento! Ambas as coisas não ocupam espaço e abrem todas as portas que precisamos. Foi o sobrenatural!

Em tudo, sabíamos que D'us estava, mesmo com a tristeza e angústia do meu mais velho, deixando tantas amizades para trás e precisando lidar novamente com perdas e problema de saúde, agora surgindo das dores emocionais. Porém, dessa vez, todas as escolhas e mudanças foram diligentemente calculadas e necessárias. Precisávamos e merecíamos recomeçar!

Muitas pessoas não deixam a dor da gente ir embora, porque fazem absoluta questão de nos deixar em estado de tristeza permanente. Mas quando essa ficha cai, você não alimenta mais os corvos e baseia todas as suas decisões em escolhas que te farão voar com as águias, começando por construir jangadas com as madeiras das pontes, destruídas pelas chuvas torrenciais.

E assim, seguimos a vida!

Sempre tive o meu trabalho, minhas viagens nacionais e internacionais, treinando e capacitando pessoas e empresas, mas tudo havia mudado. Embora não tivesse parado um único dia, reduzi as distâncias e me fiz presente em casa com os pequenos, ao máximo possível.

A pandemia não nos trouxe a escola on-line, pela minha ausência por trabalho, estudava diariamente com eles fazendo tarefas e tomando lições para a prova pelo Skype, quando ninguém imaginava que isso seria o comum um dia e teve imensa dificuldade de adaptação, durante muito tempo essa foi a nossa realidade como família e educadora dos meus filhos. Sempre juntos, mas nem sempre próximos!

Com perseverança, constância, disciplina e muito trabalho, hoje passados quase doze anos da tragédia, sem nunca ter parado, conheço grande parte da minha cidade e trabalho para as pessoas de mais alta performance do país. Sigo fazendo grandes projetos pelo Brasil e estou retomando minha agenda internacional aos poucos, porque minha agenda nacional é bastante concorrida.

De todo o meu anonimato, me transformei em influenciadora e cresci absurdamente em autoridade como canal de transformação na vida de milhares de pessoas.

Não estou mais à frente de uma igreja, mas sigo pastora, com a unção que a mim foi concedida, porém congregando apenas, servindo sempre o meu próximo e crendo que "*nem olhos viram, nem ouvidos ouviram, nem jamais penetrou em coração de um homem, àquilo que D'us tem para aqueles que o amam!*" (1Co 2:9)

Sinceramente, não entendo pessoas que, por nada, desistem!
Sinceramente, não entendo pessoas que dizem ter fé e temem!
Sinceramente, não entendo pessoas que querem alcançar, mas não dão o primeiro passo.
Sinceramente, não entendo quem diz que acredita em vida eterna e fica preso a coisas terrenas, ao invés de crer no propósito maior e seguir em frente até alcançar e, sinceramente, não entendo quem enxerga por "vista", se apegando às circunstâncias, e não por "visão", onde temos o extraordinário do Pai a ser construído, e que primeiro preciso construir em pensamento, para em seguida ser fortalecida e encorajada a realizar.

- O que você tem feito com o que você tem passado?
- Como tem transformado suas experiências em aprendizado?
- O que você tem feito com o que você crê?
- Você e grato ou ingrato?
- Como é o seu dia desafiador? Murmurando ou agradecendo?
- Tem sido águia ou galinha?
- Vive como filha ou como escrava?
- Até quando você vai viver sem responder ao chamado de D'us para a sua vida e sem viver o seu propósito?

Faça a sua autoavaliação e recalcule sua rota.
Nunca é tempo de parar.
Sempre há tempo de recomeçar.
Desistir nunca será uma opção!

Siga consistente, constante e disciplinada no seu propósito e não em suas paixões.

Fernanda Bernstein

Plans With
BEST FRIEND
1000

Fernanda Fischpan

Fernanda Fischpan, apaixonada por Jesus, vivendo por fé e desfrutando do sobrenatural. Filha de Deus, esposa, mãe e exercendo funções que Deus me confiou.

Empresária do setor de moda feminina. Graduada em Administração e Comércio Exterior, pós-graduada em Negócios Internacionais pela FGV e MBA em Marketing Digital e Varejo pela USP.

fischpan_oficial

www.fischpan.com.br

@fefischpan / Make a Jesus Famous

14 RELACIONAMENTO E INTIMIDADE COM DEUS

POR FERNANDA FISCHPAN

Muitos já ouviram falar de Deus, muitos outros já leram e sabem as suas palavras, mas quantos podem dizer que Deus os conhece e que se relacionam em intimidade com o Pai? E esse deve ser o nosso maior desejo, ocupação e maior busca diária, porque afinal, não é sobre o quanto você O conhece, mas o quanto Dele, Ele reconhece em você.

Quando você tem intimidade com Deus, as circunstâncias já não importam, nem tampouco te dominam e você passa a viver pela palavra, pelo que Deus já revelou em sua vida, pelo que crê e não pelas circunstâncias ou momentos, não por vista, mas sim por fé.

"Porque vivemos por fé, e não pelo que vemos". 2 Coríntios 5:7

Por mais que as circunstâncias não sejam favoráveis e você ainda não esteja vivendo o seu milagre e a realização de suas promessas, você sabe que está no caminho e que tudo que está acontecendo está sendo usado como agente de direção e transformação de Deus. Porque você confia em quem te guarda e sabe que Deus não é homem para que minta, então, se Ele prometeu, ele irá cumprir. Os planos de Deus não podem ser frustrados.

Como crescer em intimidade com Deus? Como colocar Deus como prioridade em um mundo tão corrido e com tantas funções urgentes e inegociáveis que acumulamos? O que tem disputado o nosso coração? O que tem tomado o lugar de Deus em nossas vidas?

O primeiro passo deve ser nosso, seja intencional. Separe um tempo com Deus, entregue a Ele suas primícias do dia e coloque Deus em tudo que fizer, buscando mais a Deus em seu secreto, conhecendo e meditando em sua palavra, se dedicando à oração e ao jejum; vivendo em comunhão, andando em obediência, tendo uma vida irrepreensível, silenciando outras vozes para ouvir as respostas do Senhor e acima de tudo, amando como Ele nos amou.

Relacionamentos fortes se constroem no secreto e o seu tempo PARA Deus não substitui o seu tempo COM Deus. Nunca seremos capazes de compreender plenamente o agir de Deus, algumas coisas só fazem sentido depois de forjarmos o nosso coração no processo do tempo, mas à medida que crescemos em fé, ganhamos confiança e entregamos as situações Àquele que age independe de circunstâncias e é o único juiz justo e fiel. Deus não tem compromisso com as circunstâncias, Deus tem compromisso com a sua palavra e nós temos a certeza de que: "*Aquele que prometeu, é fiel para cumprir.*" Hebreus 10:23

Não existe nenhum relacionamento que seja sólido, saudável, duradouro e profundo sem que haja dedicação, renúncia, trabalho, esforço e amor. Portanto, se queremos ter mais intimidade com Deus, devemos nos submeter a essas características e viver uma vida de dedicação à palavra e a tudo que for divino, nos ocuparmos em primeiro lugar com tudo o que for Dele. Viver uma vida de renúncias por um propósito maior e melhor que os nossos. Sacrificando e renunciando o nosso eu. Viver em amor, o amor que constrange e joga fora todo medo, o amor de doação, amor que exerce a graça e que nada espera em troca. O esforço para se renovar diariamente e o trabalho em buscar se conhecer e colocar em prática tudo aquilo que aprendemos. "*Buscai primeiro o Reino de Deus, e a sua justiça, e todas estas coisas vos serão acrescentadas*". Mateus 6:33. "*Santificai-vos, porque amanhã o Senhor fará maravilhas no meio de vós*". Josué 3:5

Invista tempo para se conhecer através da revelação do Espírito Santo, assuma sua identidade e viva os planos de Deus. Aprenda a assumir governo dentro daquilo que Deus te deu. Ocupe o seu espaço! Alinhe seus projetos com os propósitos de Deus e conecte-se a pessoas alinhadas com o seu chamado. A única coisa que temos autonomia para promover mudanças é sobre nós mesmos, então devemos nos ocupar e começar por nós. A única coisa que nossa fé não pode mudar é o nosso passado, mas revisitando o passado com a luz do Evangelho, podemos mudar a forma como vemos ou sentimos. Somos autores e responsáveis pela nossa própria vida e história.

Voltando aos lugares onde fomos mais feridas, identificamos que lá se esconde um propósito e revela-se uma missão. A dor gera autoridade espiritual sobre as circunstâncias, porque você foi experienciado nessa aérea e foi capaz de suportar e superar. Mantendo a alegria de viver e usando essa dor para que outras pessoas não caiam nos mesmos erros, para curar e libertar as que passaram pelas mesmas situações, dando testemunho vivo do Poder de Deus e mostrando que onde Deus entra, tudo muda!

O perdão que Jesus nos convidou a oferecer não é o esquecimento total dos fatos, porque isso não é natural, perdoar não é esquecer, mas sim, relembrar sem dor, tirar o peso e não permitir ressentimentos. É como visitar o passado com um olhar de terceira pessoa, que conta a história, mas não vive as emoções descritas ali e essas emoções também já não nos dominam.

Liberando perdão sobre as dores vividas, nos libertando dos pesos que servem como âncoras, usadas pelo mal para nos puxar para baixo e nos prender em um tempo que não pertence a Deus ou a circunstâncias e lugares que já não deveríamos estar. A prisão de nossa mente pode ser no passado ou em um presente que não sinaliza a vontade de Deus para a nossa vida.

Devemos então, desistir de fazer o nosso querer e nossa vontade própria. Abandonar a nossa justiça pessoal, quando assumimos o papel de juízes de nossa vida, para entregar toda justiça e direção nas mãos do Criador que sabe exatamente a medida da misericórdia e amor que deseja usar na vida de cada um.

Quando estamos presos nessa âncoras, impedimos que as bençãos do Senhor cheguem até nós, mesmo estando debaixo de uma palavra profética e de um querer de Deus, mas a concretização está condicionada ao nosso agir em obediência, ao agir com amor, perdão e libertação. Fomos chamados para sermos imagem e semelhança de nosso Pai, sermos maduros na fé e replicar aquilo que Deus já fez por nós. ser e transmitir amor, luz, graça e misericórdia.

O perdão é mandamento e condição para uma vida de libertação, prosperidade, realização e plenitude. Muitas vezes, ele não significa merecimento de quem o recebe e é justamente aí que somos convidados a sermos espelhos de Cristo, seus imitadores. Quando você perdoa, tira o poder das mãos do ofensor e assume a direção.

Deus usa os improváveis, pois é aí que Ele se revela. Nas coisas impossíveis vemos o agir de Deus e damos a Ele toda gloria, afinal porque Dele, por Ele e para Ele são todas as coisas.

Nossa intimidade com Deus não determina a execução do método Dele. Ele age como quer. Nossa fidelidade e intimidade não determinam o agir de Deus. Por que não é sobre suprir nossas expectativas, mas sim, sobre atender os Seus propósitos e glorificar o nome d'Ele. Nunca será sobre nós, mas sobre o que Ele pode fazer através de nós.

Primeiro, Ele nos cura e nos liberta para que curadas possamos curar e gerar em nós um ministério com autoridade para transbordar essa graça em outras vidas, nos transformando em canal de bençãos e fluir do Espírito Santo.

Não tem nada mais valioso que ter uma vida com intimidade com Deus.

O melhor de andar com Deus é desfrutar da companhia d'Ele no presente.

O maior poder não é daquele que faz o que quer, mas sim, daquele que podendo fazer qualquer coisa, escolhe por obediência renunciar à sua vontade, porque sabe que está debaixo de uma palavra do Senhor.

No processo de santificação, crescendo em fé, o sacrifício já não é abrirmos mão somente dos pecados que nos fazem mal e nos afastam de Deus, mas sim, renunciarmos a boas propostas e legítimas aos olhos do mundo, negando muitas vezes, oportunidades, propostas, sonhos e os planos que fizemos, porque não nos conduzem para os propósitos de Deus e os planos d'Ele para a nossa vida.

Por obediência, mesmo sem entender, escolhemos Deus e cremos que os planos d'Ele serão infinitamente maiores que os nossos. Damos nossos passos de fé, mesmo sem chão, confiando que Deus colocará um solo firme e próspero, regado de propósitos e de colheitas sobrenaturais.

Deus testa nossa obediência e capacidade de entregar e confiar, para depois nos cobrir de honra por toda nossa fidelidade e capacidade de já não vivermos pelos nossos planos e por nós mesmas, para que a boa mão d'Ele apareça e toda a sua graça e misericórdia em nossa vida.

"*Pois os meus pensamentos não são os pensamentos de vocês, nem os seus caminhos são os meus caminhos", declara o Senhor. Assim como os céus são mais altos do que a terra, também os meus caminhos são mais altos do que os seus caminhos; e os meus pensamentos, mais altos do que os seus pensamentos*". Isaías 55:8-9

Quero ser conhecida por Deus como uma filha que muito O amou e deu a Ele a prioridade da vida, investindo tempo e O escolhendo diariamente, seja em tempos de provas ou de glórias, sendo apontada como exemplo de riqueza de valores imperecíveis e dando testemunho vivo da graça de Deus. Tendo a mente renovada em Cristo, um coração guardado na presença do senhor, livre em Sua presença, cheia de mansidão e bondade. Me revelando como espelho de Cristo e exalando o seu bom perfume. Que meus frutos revelem o Deus que eu sirvo e da fonte viva que me alimento. Que eu transborde graça, sabedoria e entendimento.

Não existe nenhum relacionamento que seja sólido, saudável, duradouro e profundo sem que haja dedicação, renúncia, trabalho, esforço e amor.

Fernanda Fischpan

Gicélia Severo

Gicélia Severo Rebelo, casada com Márcio André, mãe do Pedro Victor; professora, pedagoga, psicopedagogia, pastora, palestrante e mentora.

Mentora do lar, do curso "Experiência do Lar" da autora Devi Titus, venho ajudando mulheres a transformarem seus lares em um ambiente de "Amor e Paz", trazendo restauração, dignidade e santidade do lar. A partir do meu lar, mais de 400 mulheres tornaram-se "Guardiãs do Lar".

Filha de Deus, do seu Pedro e Maria Francisca. Amo minha família e como amante da leitura, acredito que ler é tão importante para o desenvolvimento humano quanto uma atividade física.

Estou à disposição para contribuir na sua vida.

_77gicelia

+55 (92) 98118-3349

pgoga@hotmail.com

15 HABILITADA NO LAR

POR GICÉLIA SEVERO

Primeiramente, quero começar dizendo que ao escrever esse capítulo sinto um misto de sensações, como: desafio, honra, alegria, sonho. Desafiada porque temos grandes mulheres de Deus que também nasceram para vencer e honrada por Deus em fazer parte com elas dessa obra, alegre e como quem sonha porque sei que Aquele que prometeu é fiel para cumprir.

Não tenho dúvidas de que nasci para vencer, antes de tudo porque a Bíblia me diz isso "*Contudo, em todas as coisas somos mais que vencedores, por meio daquele que nos amou.*" Rm. 8:37 (King James atualizada) e depois, pela experiência que vivi quando criança, acometida de uma enfermidade chamada pelos adultos da época como "doença de criança". Minha mãe conta que me viu praticamente morta, só babava e com a pele roxa; sozinha, desesperada, não sabia o que fazer, correu para casa da minha avó paterna e ao longo do caminho, mesmo não conhecendo Deus intimamente, a sua oração era: "DEUS, não permita que a minha filha morra". Chegando à casa da minha avó, que ao ver a situação, começou a orar por mim juntamente com minha tia, a avó materna que também morava próximo preparou uma medicação caseira e me deu. Durante toda aquela noite, fiquei sendo observada por elas, o medo era grande porque muitas crianças não tinham sobrevivido. Mas Deus tinha um propósito maior em minha vida e aquela doença não era para morte e sim, para a vida e que o nome d'Ele seria glorificado; na manhã seguinte, comecei a reagir e ser uma criança cheia de vida.

Aos 7 anos, tive um encontro com Cristo em uma EBF (Escola Bíblica de Férias) e nunca mais o larguei. Fui habilitada, preparada no lar através da minha mãe, que me conduziu no caminho do Senhor. Já fui líder de crianças, juniores, adolescentes, casais, mulheres etc. Mas a maior liderança que posso ter recebido do Senhor foi a de ser "Guardiã do meu Lar" – o termo grego *oikouros*, que vem de duas palavras: *oikos*: "habitação", e *ouros*, "guardar". Portanto, a mulher deve guardar sua habitação. Ela é a guardiã do seu lar.

Em 2018, estava como Marta, fazendo para Jesus, mas minha atenção estava desviada dele. Trabalhava com mulheres, servia na igreja a qual congregava e parecia que estava tudo bem. Foi quando conheci o curso "Experiência do Lar", da autora Devi Titus (em memória) – através da minha mentora Edilene Menezes. Lembro-me como se fosse hoje, quando cheguei no primeiro encontro e fiz a seguinte oração "Senhor! Eu me esvazio de tudo que sou, penso e me submeto a Ti, faça o que tu queres". Ele fez!!! Assumi outra posição, já não era mais Marta, agora eu era Maria, totalmente rendida aos pés do meu Senhor, pronta para ser alinhada ao propósito d'Ele para mim. Foram dias de muitos confrontos, decisões e mudança de vida. Percebi quantos princípios e valores foram perdidos dentro do meu lar, em favor de coisas boas, fazendo para Jesus, mas muitas vezes sem a sua presença ou sem ao menos perguntar o que Ele desejava de mim.

É interessante que essa história se passa no lar dessas duas mulheres. Quantas vezes Jesus chega aos nossos lares, um convidado de honra e em vez de nos sentarmos e desfrutarmos da sua presença, estamos presas aos nossos afazeres e sem percepção alguma estamos colocando outras coisas acima dele.

Em Lucas 5:8-10, Jesus conta a parábola da dracma perdida, outra história que se passa no lar: "*Ou qual a mulher que tendo dez dracmas, se perder uma dracma, não acende a candeia, e varre a casa, e busca com diligência até a achar? E achando-a, convoca as amigas e vizinhas, dizendo: Alegrai-vos comigo, porque já achei a dracma perdida. Assim vos digo que há alegria diante dos anjos de Deus por um pecador que se arrepende*".

Tal qual aquela mulher, ao abrir as escrituras, ao acender a lamparina que estava apagada, percebi quanta sujeira havia na minha casa e eu precisava limpar, primeiro para que o valor perdido dentro do meu lar fosse encontrado, entendi que para viver o propósito e ser uma mulher vencedora, precisava abraçar o processo e isso era assumir a responsabilidade que era minha e de mais ninguém. Comecei um processo de transformação através das escrituras, oração, jejum, um profundo relacionamento com Deus, conectar-me com meu filho, honrar e me submeter ao meu esposo; uma busca diligente pela dignidade e santidade do meu lar e restauração do altar da família, que é a mesa, onde os corações se conectam. Agora já não buscava a benção na igreja, pelo contrário, a carregava comigo, porque o meu lar se transformara em um lugar de amor e paz.

Infelizmente, deixei-me amoldar aos padrões desse mundo, comecei a usar as lentes do feminismo, buscando um sucesso profissional, não que seja errado você ter uma profissão, faculdade e uma carreira de êxito. O que estava fora da rota era que eu não conseguia ter o equilíbrio com o meu maior e principal chamado, que era de "guardiã do meu lar". O meu lar não era minha prioridade. Ao me aprofundar nas escrituras, conheci mulheres influentes como Débora - juíza, profeta, esposa - que se levantou como mãe de uma nação; também vemos a mulher de Provérbios 31: costurava, negociava, cuidava da casa etc. Ambas tinham outras atividades fora do seu lar, mas não o deixava sem proteção, porque suas prioridades eram bem estabelecidas.

A chave que eu precisava para me dar acesso ao meu propósito foi encontrada dentro do meu lar. Foi nele que fui habilitada, matando o leão e o urso, para então matar o gigante que estava lá fora atormentando uma nação. Primeiro, Deus faz em nós para depois fazer através de nós. Deus estava levantando uma Débora que prepararia "Jaeis" para esse tempo. Débora legislava, profetizava, cuidava do seu esposo debaixo de uma palmeira. Gicélia cuidava da sua casa, família, exercia sua profissão de educadora, cuidava do ministério na sua igreja a partir do seu lar, era uma mãe ensinando suas filhas. Foi no meu lar que comecei a preparar Jaeis, ensinando-as a usar a estaca – que fala do fundamento e o martelo – se refere à Bíblia, duas ferramentas fundamentais para matar o inimigo que atormenta a nossa nação e muitas vezes quer se abrigar em nossas casas. Uma mulher posicionada jamais permitirá que o inimigo permaneça ou viva na sua casa, ela o mata.

Como mentora de mulheres, hoje mais de 400 mulheres já passaram pela sala da minha casa, vivendo a experiência do lar e eu vivendo a palavra de Tito 2: 3-5: "*Semelhantemente, ensine as mulheres mais velhas a serem reverentes na sua maneira de viver, a não serem caluniadoras nem escravizadas a muito vinho, mas a serem capazes de ensinar o que é bom. Assim, poderão orientar as mulheres mais jovens a amarem seus maridos e seus filhos, a serem prudentes e puras, a estarem ocupadas em casa, e a serem bondosas e sujeitas a seus próprios maridos, a fim de que a palavra de Deus não seja difamada.*" Através desta palavra, já vi muitos casamentos sendo restaurados, mulheres se submetendo aos maridos, o coração dos filhos se conectando aos pais e dos pais aos filhos.

Talvez você esteja se identificando com a minha história e vivendo uma vida agitada, fazendo muitas coisas boas, carreira, ministério, conquistando coisas, mas não tem tempo de se assentar, ouvir Jesus e, assim, perdendo muitos valores dentro da sua casa, seu marido, filhos, vive uma vida de muitos afazeres para Deus, mais sem ele. Calma! Não é o fim, você é uma mulher que nasceu para vencer e os propósitos de Deus em sua vida não serão frustrados. Olha o convite que o Senhor faz a você:

"*Venham a mim, todos os que estão cansados e sobrecarregados, e eu lhes darei descanso. Tomem sobre vocês o meu jugo e aprendam de mim, pois sou manso e humilde de coração, e vocês encontrarão descanso para as suas almas. Pois o meu jugo é suave e o meu fardo é leve*". Mateus 11:28-30

Jesus está dizendo assim: "Eu sou o lugar de descanso, alívio e leveza que você tanto precisa". Eu também recebi esse convite, disse sim, comecei a andar com Jesus e fui ganhando vida nele, já não faço nada hoje se ele não estiver. Comecei a tê-lo como minha máxima prioridade, aprendendo diariamente a só fazer o que Ele faz, a viver na sua graça! Com ele, o meu caminhar é leve, suave e libertador.

Todas nós vivemos papéis diferenciados durante a nossa jornada, somos filhas, esposas, mães, tias, sobrinhas, sogras, avós, profissionais, líderes em nossas igrejas, mas o que nos fará desempenhar com leveza e êxito tudo isso, é estarmos no centro da vontade do Senhor todos os dias. Posso falar a você que o que me faz ter uma vida vencedora em Deus é viver o seu plano para a minha vida, acordar pela manhã e me encontrar com ele, ouvir sua doce voz e entregar todo meu dia ao cuidado dele.

É tempo de levantar-se e posicionar-se, não só como influência, mas como uma referência para essa nação, com um coração totalmente rendido, deixando de viver para si, mas completamente rendida ao Pai. O que você vai viver em seu lar, ultrapassará os muros da sua casa trazendo paz, amor, alegria, retidão, salvação, reconciliação para sua nação, pois foi para isso que eu e você fomos chamadas.

Deus levantou Débora como juíza e profetiza para profetizar que a vitória viria através de uma mulher: Jael, uma mulher improvável, que lançou mão de uma estaca e um martelo, matou o inimigo (Juízes 5:26) e ficou conhecida como "a mais bendita entre as mulheres." (Juízes 5:24)

Jael foi uma mulher que nasceu para vencer porque estava posicionada no lugar certo, na hora certa. Se estivermos no centro da vontade de Deus, ouvindo-o e obedecendo também, viveremos os planos dele em nossas vidas. Tenha coragem, seja forte, cheia do Espírito Santo e vencerá todas as suas batalhas.

Deus está levantando Déboras e Jaeis que sabem quem são, para o que foram chamadas nesse tempo e estão preparadas para ele. Deus vai te forjar e preparar para o seu propósito, então viva o processo. Eu posso dizer que hoje estou vivendo o que está em 1 Co. 2:19: [...] *Nem olhos viram, nem ouvidos ouviram [...] o que Deus tem preparado para aqueles que o amam.*" Assim como essas mulheres aqui citadas, se andarmos em obediência a Deus, crendo em Seus propósitos para nossas vidas, viveremos também todas as promessas do Senhor para nossas vidas.

Quero deixar a frase da nossa querida Devi Titus (em memória): "O lar é onde o coração se forma".

O lar é a chave de acesso que te habilita para viver o teu propósito.

Gicélia Severo

Greici de Braga

Greici de Braga é CEO do BR Call Center e destaque no setor de BPO, capacitando jovens e terceirizando serviços de atendimento. Ela também é pastora voluntária no Ministério Templo da Fé, em Joinville/SC, com foco em liberação, cura e restauração.

Formada em Administração de Negócios, Greici é *workaholic* e esposa de Jonatan de Braga, seu sócio e pastor. Juntos, atuam há mais de 20 anos nos negócios e no ministério. Desde 1998, sua empresa destaca-se na gestão de atendimento e em 2002, após um encontro com Deus, Greici passou a viver da fé e se tornou a primeira da família a conhecer Jesus Cristo.

Em 2018, ela criou a metodologia #EspancadoresDeMetas, capacitando mais de 2 mil colaboradores. Com seu testemunho de resiliência e fé, Greici tem tocado almas por todo o Brasil através da hashtag #DeusTransformandoVidas.

greicidebraga

+55 (47) 99969-4775

comercial@brcallcenter.com

16 EMPREENDENDO COM FÉ

POR GREICI DE BRAGA

Quando eu tinha 15 anos, minha mãe sempre me dizia: "Greici, você não será dona de casa, você será uma grande empresária." Aquelas palavras ficaram gravadas em minha mente. Com apenas 16 anos, iniciei minha vida profissional como televendas em uma fábrica de parafusos. Foi amor à primeira vista - me apaixonei pelo mundo dos negócios. Mesmo com pouca idade, aos 17 anos fui promovida a supervisora.

Nesse período, ao retornar do trabalho, deparei-me com uma igreja evangélica aberta. Algo me impulsionava a entrar e, enfim, decidi entrar. Naquele momento, senti a presença de Deus de uma maneira única e nunca mais parei de cultuar e servir a Ele. Durante essa fase, meu pai enfrentou um processo de falência junto com um infarto, o que paralisou minha vida, pois precisei cuidar dele e da empresa que ele gerenciava.

Essa experiência me trouxe uma maturidade empresarial inexplicável. Lidar com uma empresa aos 17 anos, em meio a dívidas, salários atrasados e cobradores batendo à porta, foi um grande desafio. Eu cuidei da empresa sozinha, com tão pouca idade. Sempre que visitava meu pai no hospital, ele perguntava como a empresa estava e eu respondia que estava tudo bem, embora ele não soubesse do cenário caótico pelo qual passávamos.

Com muita fé, trabalho e resiliência, cuidei daquela empresa até sua completa recuperação. Posteriormente, decidimos vendê-la, e meu pai pôde desfrutar de sua merecida aposentadoria. Vale ressaltar que durante esse processo de falência e doença, toda a minha família aceitou Jesus e passamos a realizar cultos em nossa casa. Foi maravilhoso o que Deus fez - mesmo nos momentos difíceis, adoramos a Ele.

Três palavras que me representam: fé, coragem e ousadia. Essas palavras me guiaram durante toda essa jornada difícil e continuam sendo minhas companheiras até hoje. A fé em Deus me deu forças para enfrentar os desafios; a coragem me permitiu tomar decisões difíceis e a ousadia me levou a lugares que jamais imaginei alcançar.

Hoje em dia, olho para trás e vejo o quanto cresci e aprendi com todas essas experiências. Aprendi que nada é impossível quando temos fé e determinação. Aprendi que os desafios são oportunidades para crescermos e nos tornarmos pessoas melhores. E aprendi que o amor de Deus é incondicional e sempre nos guia pelo caminho certo.

Continuo seguindo em frente com fé, coragem e ousadia. Sei que ainda tenho muito a aprender e muitos desafios pela frente. Mas também sei que com Deus ao meu lado, posso enfrentar qualquer coisa.

Após aquele momento ter passado, retornei para a faculdade de Administração, onde encontrei meu príncipe encantado, Jonatan de Braga. Ele era totalmente mundano, mas Deus usou meu amigo e mentor, o Apóstolo Márcio, para dizer que esse moço seria meu esposo e um grande pastor e empresário. Em 2005, casamos como Deus havia prometido. Vivemos um conto de fadas, um casamento lindo e um lindo testemunho. Foi o primeiro casamento que meu líder Apóstolo Márcio realizou. Deus cuidou de todos os detalhes.

Porém, Deus precisava trabalhar na vida do Jonatan. Em 2007, ele saiu do seu emprego de diretor financeiro de um grande laboratório em nossa cidade e não conseguiu uma recolocação no mercado de trabalho. Com isso, juntos decidimos empreender. Começamos com a compra de caminhões, mas não deu certo (pense no desafio de atuar com logística sem nenhum conhecimento - uma verdadeira ousadia). Tentamos uma empresa de embalagem, mas também não deu certo. Tentamos ser despachantes de trânsito, mas também não tivemos sucesso.

Mas empreender estava em nosso DNA. Com tudo isso, em 2008, junto com meu irmão Ricardo, abrimos uma empresa de cobrança que fluiu muito bem.

Porém, meu irmão na época tinha projetos diferentes e Deus sabia que ele seria apenas o canal para um grande projeto. Nosso profeta Apóstolo Márcio profetizou que iríamos trabalhar juntos. Enfim, comprei a parte do meu irmão e ele iniciou sua nova jornada. Hoje ele é um empresário no segmento automotivo e as promessas sobre nossa vida começaram a se cumprir.

Iniciamos uma expansão rápida, porém dessa vez com conhecimento. Em 3 anos de parceria, já tínhamos 20 colaboradores. Mas Deus tinha mais para nós. Em 2018, fomos para nosso primeiro prédio com capacidade para 100 agentes e no mesmo mês da mudança já tínhamos alcançado essa meta. As coisas estavam indo muito bem.

Em 2018 também assumimos uma igreja em nossa cidade, de forma voluntária, trabalhando com cura e libertação, obra missionária e servindo a Deus como forma de gratidão. Quando chegou a pandemia, empresas fecharam, mas quando Deus tem uma promessa não importa o cenário. Deus falou que iríamos para 400 colaboradores. Como? Em meio a uma pandemia? Sim! Na pandemia crescemos 300%, fomos para a nossa segunda unidade - uma expansão violenta e uma velocidade incrível.

Em 2022, recebemos uma profecia do nosso Apóstolo Márcio que Deus iria nos dar um prédio vermelho e assim Deus fez. Em setembro de 2022, iniciamos os preparativos. Também em 2022 fomos contratados por uma empresa chinesa de grande porte para atuar como o único call center do Brasil a representá-los. Em 4 de janeiro de 2023 estávamos dentro do prédio vermelho.

Ainda em 2023, em nosso Yom Kippur novamente Deus usou nosso Apóstolo Márcio para dizer que teríamos uma igreja nova em um galpão e assim Deus fez. Em março de 2023, estávamos em uma igreja com capacidade para 250 pessoas.

Nossa jornada foi cheia de desafios e obstáculos, mas sempre confiamos nas promessas divinas e seguimos adiante com fé e determinação. A cada passo dado, víamos as mãos de Deus nos guiando e abençoando nossos esforços. Hoje, olhamos para trás com gratidão pelo caminho percorrido e seguimos adiante com esperança pelo futuro que nos aguarda.

Em 2023, recebemos a certificação pelo Yahoo Finance como o terceiro melhor call center do mundo. Foi um prêmio que não esperávamos, mas conquistamos através da geração de resultados para nossos clientes e desenvolvimento de talentos. Também conquistamos em 2021 o prêmio GPTW, como uma das melhores empresas para trabalhar no segmento de contact center.

Nossa empresa sempre se esforçou para fornecer o melhor atendimento possível aos nossos clientes e para criar um ambiente de trabalho positivo e acolhedor para nossos colaboradores. Acreditamos que o sucesso de uma empresa depende não apenas de seus resultados financeiros, mas também do bem-estar e satisfação de seus funcionários.

Enfim, passando por tudo isso, nunca pensei em parar de empreender ou de servir a Deus. Durante os processos de falência que recebi e de doença, jamais murmurei, reclamei ou questionei. Sabemos que somente grandes heróis suportam grandes batalhas.

Nossa expansão ainda continua. Temos o nosso projeto "Rumo ao 1000", onde estamos prontos para receber 1.000 colaboradores através do processo de terceirização de mão de obra focado em atendimento, BPO, SAC, ouvidoria, SDR, BDR e pesquisas.

Este projeto é uma oportunidade para expandir nossos serviços e oferecer ainda mais opções aos nossos clientes. Estamos sempre buscando novas maneiras de melhorar e crescer, e acreditamos que este projeto será um grande passo nessa direção.

Quando eu e meu esposo passamos por grandes problemas financeiros, nunca pensamos em separação ou desistência. Ao contrário, nossos desafios nos deixaram mais apaixonados e sempre que um estava fraco, o outro estava forte. Assim seguimos há quase duas décadas juntos. Também não posso esquecer do meu filho Nathan, que com apenas 7 dias de nascimento já estava na BR Call no bebê conforto trabalhando comigo. Ele sempre foi muito compreensivo e amoroso.

Nossa família é uma grande fonte de apoio e inspiração para nós. Através dos altos e baixos da vida, sempre estivemos lá um pelo outro, oferecendo amor e encorajamento.

Como pastora, meu chamado é muito forte. Atuou diretamente com cura e libertação em uma igreja pentecostal e profética com uma visão missionária. Já estivemos, em família, em países como Argentina, Uruguai e Paraguai levando a palavra de Deus a vales e pessoas totalmente rejeitadas pela sociedade.

Minha fé é uma parte importante da minha vida e me dá força e orientação em tudo o que faço. Acredito que é importante compartilhar a mensagem de amor e esperança com aqueles que precisam dela.

Diante de tudo isso que já vivi, quero ir mais além. Quero viajar o mundo contando meu testemunho de fé com empreendedorismo e apresentar esse Jesus tão lindo que muda histórias.

Tenho muitos sonhos e planos para o futuro e estou animada para ver onde minha jornada me levará. Acredito que com fé, trabalho duro e determinação, podemos alcançar qualquer coisa.

Com tudo isso, quero lhe dar uma dica: não troque seu propósito por uma proposta. Não desista dos seus sonhos. Se Deus prometeu, no tempo dele vai acontecer. Honre seus clientes e colaboradores.

Lembre-se: se o deserto é lugar de passagem, Canaã é logo ali. Siga em frente.

O empreendedorismo é algo desafiador, mas foi o meu amor por desafios que me impulsionou nessa escalada em busca dos meus sonhos.

Greici de Braga

Pra. Karol Luxinger

Sou a pastora Karol Luxinger, nascida em Vitória/ES, criada em Salvador/BA. Filha de pastores, meus pais plantaram mais de cem igrejas pela Quadrangular, em todo o Brasil. Nasci e cresci no evangelho, com muita honra.

Tenho tripla formação acadêmica: bacharel em Administração de Empresas e Pedagogia e formação pastoral pelo Rhema College.

Casada com Sinho, temos dois filhos, Henrique e Helena. Pastoreamos a Igreja Ramo da Videira. Atualmente, sou diretora pedagógica do CRV e professora do Rhema Brasil.

Conferencista e palestrante em congressos de mulheres por todo o Brasil, além de desenvolver com meu esposo o "Eterno - Ministério e Escola para Casais", ferramenta do céu para restaurar e transformar famílias.

Grande beijo,

karolluxinger

irvsaocaetano

Eternoirv

+55 (11) 98443-2767

17 DEUS NÃO É MATADOR DE SONHOS

POR PRA. KAROL LUXINGER

O ano era 2013, depois de 3 anos de casados, Sinho e eu estávamos nos preparando para cumprir o planejamento de engravidarmos do nosso primeiro filho. Me lembro como hoje da expectativa que ocupava o nosso coração.

Lá estávamos nós, depois dos exames médicos, fazendo as contas do calendário fértil e sonhando com a jornada de uma futura gravidez. E por incrível que pareça, um mês depois de parar o contraceptivo eu engravidei. Recebemos a notícia em maio de 2013 e lembro-me que aquele Dia das Mães foi único e especial.

Henrique estava sendo gerado em mim e pela primeira vez eu saberia o quanto é poderoso gerar uma vida. Ele nasceu em dezembro do mesmo ano, um neném forte, saudável e comilão. E eu estava como quem sonha, descobrindo e experimentando aquele amor tão inacreditável que eu jamais conhecera antes.

O planejamento não parou por aí. Como eu já tinha 33 anos, queríamos correr para completar nossa família. Hoje, olhando para trás, acho tão engraçado as metas e planos que fazemos quando estamos nos preparando para se casar. Isso é maravilhoso. Mas sabemos que o poder de realizar está em DEUS. Podemos e devemos sim, planejar, projetar, ter metas, mas como Salomão diz em Provérbios 16:1, "*É da natureza humana fazer planos, mas a resposta certa vem do Senhor.*"

No nosso planejamento, quando Henrique completasse seu primeiro ano de idade iríamos "encomendar" Helena. Helena? Mas quem é Helena? Ah, me esqueci de dizer que no dia em que descobrimos a gravidez, Sinho e eu oramos e perguntamos ao Senhor qual seria o nome do nosso bebê. E o Senhor nos deu 2 nomes: Henrique (príncipe poderoso) e Helena (cheia de luz, tocha). Como Henrique chegou, então, claro que só faltava Helena!

Agora nossa história fica cheia de emoção porque Henrique completou seu primeiro aninho e é claro que o casal todo planejado, começou a jornada em direção ao seu próximo alvo. Sim! Fomos com toda sede ao pote no calendário da fertilidade, mas o tempo foi se passando e nada da segunda gravidez chegar.

Será que era a idade? Eu já estava com 35 anos nessa época e a curva em queda de hormônios não me ajudava muito, mas tudo o que me ensinavam eu fazia, era colocar as pernas para o ar, era maca peruana, ácido fólico, tudo! Então, me lembro de uma oração sincera que fiz a Deus: "Pai, achei que tudo seria como da primeira vez, mas não está sendo e eu preciso de discernimento para compreender o que está acontecendo, preciso de luz e clareza, porque depois de doze meses frustrados já não sei mais o que fazer!"

O primeiro ano se passou e não tivemos sucesso. Os médicos não diziam nada. E eu? Eu estava confusa, não conseguia entender porque aquele neném não chegava. Porque o caminho estava se alongando, o tempo passando e o nosso planejamento indo ralo abaixo. As pessoas perguntavam: "Vocês só querem um filho? Ou irão tentar mais?" E a gente sempre afirmava nosso plano: "Vamos sim, Helena vai chegar!"

Então me recordo que foi aqui que começou a minha busca por respostas. Eu sabia que o que os médicos não sabiam, o que a minha mente não sabia, o que meu esposo não sabia, tinha uma pessoa que sabia: o Espírito Santo de Deus! Ele é o Espírito da VERDADE! Ah, eu simplesmente amo que Jesus o chama de: Espírito da Verdade! "*Quando vier o Espírito da verdade, ele os conduzirá a toda a verdade. Não falará por si mesmo, mas lhes dirá o que ouviu e lhes anunciará o que ainda está para acontecer.*" João 16:13.

Sim, o Espírito Santo é a pessoa que nos comunica a verdade de Deus. Ele não fala por si mesmo, mas nos revela tudo o que é do Pai e nos anuncia o que está para acontecer! Ele deseja te anunciar as verdades de Deus, Ele deseja te comunicar tudo o que Deus tem projetado para a sua vida. Ele é a verdade. Quando Ele fala conosco revelando o coração do Pai, todo engano cai por terra.

Aos 12 anos, fui batizada nas águas e aos 14 anos, em uma vigília, no momento de adoração, fui batizada no Espírito Santo, com a evidência de falar em línguas. Então meu desejo por conhecer a pessoa do Espírito Santo tornou-se latente. Até que li o livro "Bom Dia, Espírito Santo!" de Benny Hinn e aprendi que existe uma comunicação real, um relacionamento poderoso entre cada filho de Deus e o Deus Espírito Santo.

Ele tornou-se meu amigo, conselheiro, consolo, mestre, mentor, treinador, guia, *parákletos* (palavra grega para Espírito Santo no novo testamento). Esta intimidade com a voz de Deus, a pessoa tão poderosa e doce que é o Espírito Santo, só crescia.

Então em 2015, me lembro que fui ensinar a matéria: "A unção", no curso Rhema Vitória da Conquista. Fui decidida a ouvir Deus falar. Lembro-me de uma sexta-feira que retornei de uma aula poderosa, estava cansada fisicamente, mas energizada em meu espírito e sabia que no sábado poderia acordar mais tarde, então eu disse:" Senhor, hoje é vigília!" Me preparei, estava ali orando, adorando, me derramando na presença do meu Abba, tudo o que eu queria era estar face a face com o meu criador, aquele que escreveu todos os meus dias, aquele que tem o futuro na palma de suas mãos, aquele que é antes que qualquer coisa fosse. Sim, lá estava eu naquele ambiente profético, já não era mais um quarto, era o Santo dos Santos, eu já não estava mais preocupada, porque a presença estava me preenchendo de tal forma que as coisas dessa terra não tinham valor, e Ele veio. O Espírito de Deus estava presente e uma visão se abriu diante de mim: eu me via diante de um médico, era uma consulta que eu havia feito antes de ser liberada pelo médico na minha primeira gravidez, lá em 2013, mas agora eu me via de novo lá, e lembro que o médico dizia: "Você está liberada para engravidar, mas como você é paciente pós-bariátrica pode haver alguma dificuldade. Se houver me ligue, vou te indicar uma pessoa de minha confiança."

Luz chegou! Eu sabia que sonhos, visões e profecias são uma linguagem espiritual e que Deus estava me guiando a não procurar qualquer pessoa, mas a pessoa que Ele mesmo tinha escolhido e capacitado. Eu preciso parar aqui pra te dizer, Deus não é pego de surpresa, nem de "calças curtas!" Tudo o que você precisa, Ele já preparou! Você só precisa de luz, revelação, conhecimento da parte dele, para ver e se apropriar da verdade.

Nossa vitória sempre estará na dependência do nosso Deus. Nossas respostas não estão em jornais, não estão em pessoas, não estão em doutrinas humanas, não! Nossas respostas estão em Deus. E Deus está em nós. Deus está em você. Dependa dele, fale com ele, converse com ele, se renda a ele, chore com ele, ria com ele, pule, dance, grite com ele mas não se esqueça de uma coisa: OUÇA O QUE ELE DESEJA TE COMUNICAR.

Muitos falam com Deus, mas poucos escutam o que Deus tem a dizer. Tão importante quanto falar com Deus, é aprender a ouvir como Ele fala conosco. Quer uma dica? Tenha seu caderno de anotações. Porque Deus comunica em todo o tempo e se você tiver percepção, vai saber que é Ele. Tome nota, faça seu diário, coloque as informações, os versículos, os sonhos, visões e profecias e você vai ter um meio de reler, revisitar e ficar firme nas instruções de Deus para você, porque ele não muda. Leia em voz alta esta escritura: "*Quero trazer à memória o que me pode dar esperança.*" Lamentações 3:21

Como você vai trazer à memória se você não faz registros da sua conversa com Deus? Comece hoje a ter um diário, bloco de anotações, caderninho, e aquilo que Deus te falar, registre. E depois, ore sobre isso, fale em voz alta, encha a sua mente de esperança! Porque o nosso DEUS não é matador de sonhos!

Então, naquele ano de 2015, cheguei nessa médica especialista e logo nos primeiros exames as coisas começaram a vir à luz. Fiz uma reparação da primeira cesárea, porque formou-se uma bolsinha dentro da parede do útero, eles chamam de "istmocele", mais 6 meses tentando engravidar e nada! Então, mais exames, até que fui submetida a histerossalpingografia. O nome é estranho e o exame também. Mas foi através dele que veio o diagnóstico de dupla obstrução de trompas. Minhas duas trompas estavam totalmente obstruídas, e a única forma de gerar um filho seria por Fertilização In Vitro – FIV.

Quando soube disso, não vou mentir, foi difícil de acreditar. Porque não havia causa aparente, não havia explicação, mas de uma coisa eu sabia: eu não iria parar! Deus tinha me conduzido até ali. Tinha capacitado aqueles profissionais para trazer luz ao que era desconhecido, e Ele iria continuar sendo o autor dos próximos dias. Lembro o semblante da médica ao pegar o último exame. Ela não acreditou que minhas trompas eram totalmente obstruídas e naquele dia saí com o relatório da FIV. O plano de saúde foi acionado e liberou duas tentativas. Na primeira, não obtivemos sucesso. Na segunda, eu engravidei. Mas não engravidei só de Helena, engravidei do que um dia tinha sido oração, profecia, choro e confissão de fé. Eu sabia que os médicos eram limitados e se Deus não soprasse vida e sustentasse a vida, aquele bebê não iria chegar.

Qual é o seu sonho? Deus te trouxe aqui porque Ele deseja liberar poder sobre a sua vida, para que você engravide e gere este sonho. O meu tinha um nome desde 2013, Helena. Qual é o seu? Lembre-se que sonhos são uma linguagem espiritual. "*E acontecerá nos últimos dias, diz o Senhor, que derramarei do meu Espírito sobre toda a carne; vossos filhos e vossas filhas profetizarão, vossos jovens terão visões, e sonharão vossos velhos.*" Atos 2:17.

Quero orar por você: "Pai, o Senhor não mata sonhos. O Senhor deu um sonho impossível a José e cumpriu, deu uma profecia improvável para Sara e Abraão e cumpriu, o Senhor enviou o poder do Altíssimo que gerou Jesus no ventre de Maria. Eu oro por esta pessoa e decreto que todos os sonhos que o Senhor projetou para a vida dela irão se cumprir. Em nome de Jesus, Amém!"

Grandes coisas estão acontecendo! Você terá um testemunho, e eu quero ouvir e celebrar. Me procura no Instagram @karolluxinger e agora grite em voz alta: DEUS NÃO É MATADOR DE SONHOS!

Deus não é matador de sonhos!

Pra. Karol Luxinger

Laís Ilidia da Silva

Cristã, esposa, 27 anos, graduada em Finanças e pós-graduanda em Gestão de Pessoas & Negócios pela Conquer Business School, possuo experiência em liderança. Cocriadora da comunidade The Sunrise Woman, porque o CEO é Deus, somos uma comunidade que acolhe mulheres de todo o país, lutamos contra o preconceito e qualquer tipo de discriminação. Ao final desse capítulo te revelarei um segredo.

Estou à disposição para contribuir na sua vida, você é muito bem-vinda e será muito acolhida pela nossa comunidade, eu já amo a sua vida, mas antes de mim, quero que saiba que Deus te amou primeiro. (João 3:16).

thesunrisewoman

+55 (34) 98426-9999

thesunrisewoman@gmail.com

18 O AMOR DE DEUS ME ENCORAJOU E ME TRANSFORMOU

POR LAÍS ILIDIA DA SILVA

Deus me encorajou a ser quem eu sou, porque foi através da minha condição, na qual fui muito ferida por anos, que hoje eu posso ajudar várias mulheres através da palavra do Senhor, levando o Seu amor para que elas consigam enfrentar o processo (que na maioria das vezes, é doloroso), as suas lutas e também as suas guerras ou o preconceito que estão vivenciando. Como eu sou feliz e grata por ter encontrado o meu propósito, que é espalhar o amor de Deus, levar carinho, respeito e admiração para todas as mulheres. Se me permite te fazer um pedido, esteja com a sua Bíblia em mãos e, se for possível, abra ela antes de iniciar a leitura desse capítulo e medite sobre os versículos mencionados durante toda a escrita.

Eu não nasci em lar cristão, sou a única cristã da família, meus pais não são pastores, mas, sem saberem, eles me ensinaram muito e eu também tenho uma irmã gêmea portadora de necessidade especial, um anjo de Deus enviado em nossa família e aprendo com ela todos os dias.

Filha do Nilson Miguel, tenho muito orgulho do meu pai, porque ele me ensinou que o trabalho edifica o homem e me ensinou a sempre dar o seu melhor em tudo o que eu fizer. Me ensinou que a vida é dura e difícil, mas, que o importante é não desistir. Me ensinou o que chamamos de *resiliência*.

Filha de Adelaine Ilidia, ela me ensinou sem saber, através de Provérbios 14:1, que a mulher sábia edifica a sua casa, me ensinou a cuidar da família com todo o amor e mesmo diante das adversidades, família em primeiro lugar. Me ensinou a amar o próximo como a mim mesma. (Mateus 22:37–39).

Deus não poderia ter me dado pais melhores, como sou grata por isso, eles me ensinaram valores e princípios. Tenho conhecimento que muitas mulheres não têm mais os próprios pais e que podem não ter nascido em um lar tão amável quanto ao meu, mas nenhuma família é perfeita, eu e minha família, enfrentamos dificuldades, assim como qualquer outra família. Porém, apesar de toda simplicidade e da humildade na minha casa, sempre existiu o que chamamos de fé.

E me permita lhe dizer um conselho, querida: medite em Êxodo 20:12.

Sou irmã gêmea de Taís Ilidia, portadora de necessidade especial e aqui deixo registrado a minha ETERNA admiração por todas(os) que são portadoras(res) de qualquer "deficiência", seja intelectual, mental, física, independente do seu superpoder. Parabéns, vocês são incríveis! São verdadeiros heróis e heroínas. Com a minha irmã gêmea, aprendi a olhar a vida de um jeito diferente, através da simplicidade e da humildade: "*Bem-aventurados os humildes, pois eles receberão a terra por herança*". (Mateus 5:5).

Em 27 anos da minha vida, eu jamais vi a minha irmã magoar alguém, pelo contrário, eu sempre a ouvi dizer "Não estou incomodando não, né?!". Ah, minha irmã, como eu me orgulho de você, porque são de pessoas como você, sem maldade no coração, que o Reino de Deus necessita. Quantas vezes, juntas, sentimos e presenciamos o preconceito em nossa pele e você é uma das minhas maiores inspirações por eu ter criado a nossa comunidade.

E pra você que é mãe de alguma criança com um "superpoder", saiba que eu admiro muito a sua luta diária, porque eu as conheço. (Salmos 37: 1-5). E jamais se esqueça, mãe, você tem um anjo em casa. (Mateus 19:14)

Sou esposa do Marcello Henrique, como eu agradeço por ter você em minha vida, eu só me tornei a mulher que eu sou hoje, porque eu tenho você, obrigada por ter acreditado em mim e não ter desistido do nosso casamento. Porque foi através de você que eu entendi que "*o amor é paciente, o amor é bondoso. Não inveja, não se vangloria, não se orgulha. Não maltrata, não procura seus interesses, não se ira facilmente, não guarda rancor. O amor não se alegra com a injustiça, mas se alegra com a verdade. Tudo sofre, tudo crê, tudo espera, tudo suporta*". (1 Coríntios 13:4-7).

Amiga Ana Gouveia, como é bom caminhar com Jesus ao teu lado, muito obrigada pelos livros que me foram emprestados, falavam muito sobre Jesus e foram os únicos que eu terminei e me apaixonei durante os meus 27 anos de idade (risos). Eu te prometi que se um dia eu chegasse a escrever um livro, você estaria em meus agradecimentos em forma de aplausos, junto com a minha família mencionada acima. (Provérbios 18:24).

Quero agradecer a Editora Chave Mestra, pelo convite que me foi feito, vocês são uma verdadeira família do Senhor, são incríveis. Obrigada Nayla, entre tantas mulheres no Brasil, Deus te usou para me escolher e como eu te disse em nossa conversa, que toda honra e toda a glória seja dada a Deus.

Querida leitora, eu não sei quais têm sido as suas lutas, quais são as suas guerras, mas, de uma coisa eu sei: você já é abençoada só de ler esse livro e se crer de todo o seu coração que nada é impossível para Deus. (Mateus 19:26.) Então, você já está com alguns passos adiantados de sua fé. Jesus enfrentou dores, acusações, desconfianças, ele sabe como você se sente, querida, acredite nisso. (Hebreus 2:18).

O nosso Pai que está nos Céus já sabe o que você precisa, mas ele deseja te ouvir, peça para ele o que você precisa, essa conexão entre filha e pai é muito importante. Porque nem nos meus melhores sonhos eu imaginaria escrever um livro de tamanha magnitude, porque "*Muitos são os planos no coração do homem, mas, o que prevalece é o propósito do Senhor*". (Provérbios 19:21).

Encontrei o amor de Deus em 12 de abril de 2017, foi lindo! Eu sentia o amor incendiar e queimar o meu coração, as lágrimas escorriam através dos meus olhos em forma de gratidão e eu te desejo, do fundo do meu coração, que você passe por isso um dia. E sinta o que é ser batizada nas águas, assim como João Batista batizou o nosso único salvador Jesus Cristo.

Certo dia, escutei a seguinte frase: "Deus vai te usar naquilo que você foi mais machucada" e durante toda a minha vida, pessoas tentaram me mudar pelo jeito que eu sou, alegre e autêntica, tentaram me encaixar em padrões que não eram os meus e eu sempre ouvi críticas pelo meu jeito de ser.

Eu nunca, nunca, me considerei igual às outras pessoas e, de verdade, eu nem quero ser, porque Deus me fez única e exclusiva aos olhos d'Ele e eu jamais perderia a minha essência para me encaixar em lugares que não me cabem ou que jamais me caberiam.

Não importa o que vão falar de você, se vão te criticar, ou te julgar. Importe-se com o que Deus pensa ao seu respeito. E jamais se esqueça, o verdadeiro amor provém do Senhor que fez o céu e a terra. Porque Ele nos amou tanto, que por mim, por você, pela sua família, enviou o seu ÚNICO filho, "*para que todo aquele que nele crê não pereça, mas tenha a vida eterna*". (João 3:16) e se isso não é amor, eu realmente não sei te dizer o que é o verdadeiro amor. E é por isso que, através de mim, ele está te dizendo: "FILHA AMADA, EU NÃO ME ESQUECI DE VOCÊ!", leia o que está escrito em maiúsculo por três vezes, porque é isso que ele está dizendo para você.

Após seis anos orando e pedindo a Deus para me enviar ao meu propósito - e aqui precisamos entender que tudo é sobre o tempo d'Ele e não o nosso (Eclesiastes 3:1-8) - Ele me deu a honra de descobri-lo. Foi através do que mais me feriu em todos os anos de minha vida, e aqui está o meu segredo: ESTOU como portadora de um transtorno mental bipolar, uma das doenças mentais mais sérias desse país, se não, do mundo. Mas, o que mais me chama atenção, é que durante os 6 anos, eu sempre sentia a falta de Deus, mesmo batizada, minha fé era como um café morno, eu não poderia dizer que era quente e nem frio, pensa em um café ruim!

Você gosta de café? Prefere ele quente ou frio? Café tem que ser quente, assim como tem que ser a nossa fé. Como está a sua fé, querida? (Mateus 13:58).

Deus foi tão misericordioso comigo, que nesse ano de 2023, Ele revelou o meu propósito, que é através do que eu sei fazer de melhor: cuidar das pessoas, lutar por elas, lutar contra o preconceito ou qualquer tipo de discriminação. Foi através foi através da minha condição de transtorno mental bipolar, na qual estou hoje, que nasceu a comunidade THE SUNRISE WOMAN, que a tradução para o português do Brasil quer dizer: A MULHER DO NASCER DO

SOL, que significa também o RECOMEÇO, porque para todas nós, cada dia é uma oportunidade de recomeçar, de tentar de novo e em nossa comunidade você tem a oportunidade de ser quem você é, independente de qual seja a sua luta ou a condição que você esteja enfrentando.

Agora deixo aqui uma reflexão para você: imagina se eu tivesse dado ouvidos aqueles que me criticavam? Ou aqueles que tentaram me parar? Eu tenho certeza de que eu não estaria escrevendo esse capítulo. Mas sabe o que aconteceu? EU acreditei no meu PAI que está nos Céus. (Provérbios 3:5). E para concluir, gostaria que meditasse em um penúltimo versículo: Josué 1:9.

SEJA FORTE e CORAJOSA! Não se deixe abalar pela tristeza, angústia ou muita das vezes, não permita que a raiva domine o teu coração. Ore de joelhos e clame a Deus, peça o que você mais precisa.

Deus ama o seu povo e zela por ele. Ele se importa com os que o amam de coração. Mesmo passando por dificuldades, creia em Cristo! Ele lhe diz para ter bom ânimo! (João 16:33).

E não se esqueça: nada é sobre mim, Laís Ilidia, porém, TUDO é sobre Deus.

Nada é sobre mim, porém, TUDO é sobre Deus.

Laís Ilidia Da Silva

Ludmilla Varjão Suassuna

Ludmilla Varjão Suassuna, mãe de Elisie e Elena, empresária, fisioterapeuta, mas renunciou a uma carreira profissional bem-sucedida para servir ao chamado do Senhor. Pastora ao lado do seu esposo David Suassuna, na Igreja GeraVida.

Mentora de mulheres e criadora do Método Escolha Brilhar. Por acreditar no brilho de cada mulher dessa geração, as impulsiona a brilharem e a viverem uma vida com propósito e influência. No exercício do seu ministério, tem evidenciado a importância do resplandecer o brilho único que cada mulher possui.

Tem como missão impulsionar mulheres a viverem uma vida plena e com influência, independente qual seja a sua área de atuação.

Estou à disposição para contribuir na sua vida.

ludsuassuna

escolhabrilhar

+55 (75) 99162-7700

ludsuassuna@yahoo.br

19 NÃO OFUSQUE SEU BRILHO

POR LUDMILLA VARJÃO SUASSUNA

A vida não é calmaria, comparo-a a um oceano de águas profundas, ondas por vezes impetuosas... maré que sobe e desce e recebe influência das estações. E assim sou eu, uma mulher que durante toda a jornada passou por vários processos até entender na sua essência que poderia deixar brilhar a luz que abriga. Sou oriunda de uma família muito querida e estruturada, fui uma criança muito desejada pelos meus pais.

Sou a primogênita de três filhos e logo no meu nascimento minha mãe enfrentou muitas dificuldades, pois tardei o momento de nascer. Desmaiada, minha mãe me trouxe ao mundo em estado crítico e eu já estava sem oxigênio. Para a medicina, eu poderia ter várias sequelas, mas para um Deus Todo-Poderoso, sou completamente saudável, considero-me um milagre!

Me converti ao Evangelho com apenas 9 anos, e logo após a minha conversão, toda a minha família fez a mesma escolha. Dessa forma, cresci em um lar referencial de amor e princípios, sendo minha família um porto seguro de grande importância para que eu não ofuscasse minha luz.

Sempre fui uma menina que se destacava pelas habilidades artísticas, capacidade de liderar e gerir conflitos. Embora o contexto fosse favorável para que eu tivesse um futuro brilhante, havia algo que acontecia atrelado a tudo isso, onde minhas habilidades não eram vistas como algo bom por algumas pessoas, mas como uma ameaça.

Desde a minha conversão, fui muito engajada na igreja a qual fazia parte. Lembro-me que na adolescência, aos 16 anos, fui chamada para um cargo de confiança no ministério que servia, ao lado de líderes e outras pessoas de influência, todas socialmente referendadas, sendo pessoas reconhecidas e legitimadas. No dia em que fui convidada para fazer parte dessa equipe, aconteceu que uma pessoa entregou o cargo, alegando que a liderança deveria escolher entre mim e ela. Ao tomar essa decisão, a pessoa em questão deixou não apenas a equipe, mas também a igreja e o Evangelho. Apesar da maturidade que tinha na época, era apenas uma adolescente e lidar com esse ocorrido foi muito difícil. De certa forma, me senti responsável por causar esse conflito e a culpa pelo ocorrido começou a permear meus pensamentos!

A postura de desenvoltura e o destaque nas relações interpessoais fizeram dessa que vos escreve alguém que não passava desapercebida, e se isso soa com positividade, para alguns, o que se destaca é a ameaça. Isso se deu em vários locais, posso destacar que em minha trajetória de formação acadêmica, no Ensino Médio, comecei a fazer estudos bíblicos nos intervalos das aulas. Logo, a fama correu e juntou-se um público de cerca de 30 pessoas e dia a dia acrescentava-se mais pessoas. No ensejo, alguns colegas sentiram-se incomodados e reivindicaram a possibilidade de outras vertentes religiosas também terem espaço de atuação dentro da escola. O "Se ela pode, podemos também" ecoava! Obtive reprovação escolar pelo fato de o professor não aceitar minha profissão de fé, tive afastamento abrupto de amigas que as mães alegavam ser eu uma ameaça, fui caluniada e perseguida. Todo esse contexto, sempre acontecia nos momentos em que me posicionava para compartilhar e expandir a luz de Cristo que havia em mim.

Prossegui passando por diversas situações que me encaminharam para o ofuscamento pessoal, afastamento social e consequentemente toda e qualquer posição de destaque foi refutada. Ofusquei a minha luz! Melhor não brilhar a sofrer! Trilhei um processo de sabotamento intrapessoal! Na verdade, tornou-se um padrão do inimigo atacar as minhas emoções, pois ele sempre ataca aquilo que está no início, e essas situações geraram bloqueios emocionais em mim, que me impediam de fluir com totalidade. Dessa forma, desenvolvi um medo que atrofiou o meu potencial.

Nas sagradas escrituras encontramos várias histórias e exemplos sobre a inveja. Por inveja, Caim matou seu irmão Abel, Raquel teve conflitos com sua irmã Lia, uma vez que a esterilidade a acompanhava e sua irmã gerava.

Também por inveja, José foi vendido como escravo pelos seus irmãos, e até mesmo Jesus foi entregue à morte de cruz. As consequências de tão nefasto sentimento atingem não só quem o nutre, mas também quem é alvo, pois é uma arma maligna usada para destruir a comunhão no corpo de Cristo e o propósito de Deus na vida das pessoas.

Enquanto passava por tudo isso, meus pais e meus irmãos sempre afirmavam que eu tinha um futuro brilhante. Casei-me com um homem de oração, que sempre acreditou no meu potencial. Que diferença isso fez no meu viver! Certa vez, ouvi a frase: "Quando uma pessoa boa se cala, uma geração morre". Essa frase bradou muito forte dentro de mim, apesar de não saber a autoria, fez sentido em minh'alma. Concomitante a essas reflexões, meditando em um trecho da Palavra, que diz: "*Assim brilhe a sua luz diante dos homens, para que vejam as suas boas obras e glorifiquem ao Pai de vocês, que está nos céus*" (Mateus 5:16). tudo em mim começou a fazer muito sentido. Estava ali um despertar dos céus que me fez perceber o quanto precisava de posicionamento para aquilo que Deus me escolheu para ser e assim, o Seu Nome pudesse ser exaltado.

Com essas experiências, notei que existem dois fatores que ofuscam o nosso brilho:

1. Quando eu escondo meu próprio brilho

Uma vez que somos subordinados ao medo, apagamos a nossa luz. Essa primeira condição é vinculada com a falta de convicção de quem nós somos e qual é a nossa missão, uma vez que a forma que nos enxergamos está relacionada com as experiências vividas. Saber quem nós somos é libertador, nos faz agir como filhos de Deus. A Bíblia mostra em 1 Pedro 2:9, "*que somos geração eleita, sacerdócio real, nação santa, povo exclusivo de Deus, para anunciar as grandezas daquele que nos chamou das trevas para a sua maravilhosa luz*". Esse texto nos dá uma definição de quem somos e qual a nossa missão para o Reino do Senhor. Uma vez que temos a identidade definida, a nossa missão é revelada.

De acordo com a escritora americana Marianne Williamson (1992):

> *"Nosso maior medo não é sermos inadequados. Nosso maior medo é não saber que nós somos poderosos, além do que podemos imaginar.*

É a nossa luz, não nossa escuridão, que mais nos assusta. Nós nos perguntamos: 'Quem sou eu para ser brilhante, lindo, talentoso, fabuloso?'. Na verdade, quem é você para não ser? Você é um filho de Deus."

Quando você pensa pequeno, não está ajudando o mundo. Ofuscar a si mesmo não é sinal de bondade, e recuar para que os outros não se sintam incomodados com o seu brilho não é um ato de humildade, e sim, de intimidação.

Todos nós fomos feitos para brilhar. Nascemos para manifestar a glória de Deus que há dentro de nós e isso não é privilégio para apenas alguns, mas em todos. Ao dar lugar para a que nossa luz brilhe e resplandeça, estamos contribuindo de forma inconsciente e indireta para que outras pessoas se sintam encorajadas e incentivadas a fazerem o mesmo. "Quando nós nos libertamos do nosso próprio medo, nossa presença automaticamente libertará outros." (Marianne Williamson,1992).

2. Quando permito que pessoas e situações ofusquem meu brilho

À medida que damos importância ao que as pessoas falam ou pensam ao nosso respeito, deixamos de acreditar em quem nós somos e o que Deus pensa sobre nós. Essa condição está relacionada ao peso que atribuímos às opiniões alheias, ou quão ligados estamos ao nosso passado. Precisamos decidir a voz de quem iremos escutar e romper com o passado.

Ana é uma mulher da Bíblia que me inspira muito. Ela era estéril numa época onde gerar filhos era uma "vitrine". Foi zombada e desprezada, mas sabia o poder que carregava na sua oração. Ela se posicionou em meio a sua dor e às opiniões alheias, dando novo sentido a sua dor. Entregou seu problema ao Senhor e confiou. Governou suas emoções com sabedoria e, pelo seu posicionamento, foi agraciada para gerar um dos maiores profetas de Israel. Quando escolhemos ouvir a voz de Deus, nem sempre teremos o apoio de outras pessoas. Elimine a necessidade de ser aprovado por homens, mas foque em ser aprovado pelo Pai.

Diante disso, decidi me levantar e resplandecer a luz de Cristo que há em mim. Acendi minha luz, escolhi brilhar e iluminar quem estava à minha volta. Fui intencional, ainda que houvesse oposições. Quando focamos na luz, teremos luz. O nosso Deus é o pai da luz, e a luz dissipa as trevas. Ao se retirar para falar com o Senhor, a face de Moisés brilhava (Êx.34:30). Na medida em que nos aproximamos do mestre Jesus, brilhamos e glorificamos o Seu nome.

Precisamos ter em mente que onde mais somos feridos é a área em que mais seremos usados. Antes, eu me afastava das pessoas para não ser ferida, hoje, eu me aproximo delas para ajudá-las. Compreendo que pessoas feridas ferem e pessoas curadas curam, pois por trás de cada pessoa há uma história vivida, uma cicatriz na alma, um sonho não realizado, um projeto frustrado. Assim, inspiro outras mulheres a acreditarem que há poder na aliança entre mulheres, como a história bíblica de Maria e Isabel que foram escolhidas com um propósito maior, pois entremente às suas diferenças, estavam juntas se apoiando e no cuidado mútuo, geraram os dois maiores homens que já pisaram nessa terra: Jesus e João Batista.

Sozinha brilhamos, mas quando nos unimos, nosso brilho pode iluminar o mundo. Há um ditado popular que gosto muito, que diz: "Se queres ir mais rápido vá sozinha, mas se queres ir mais longe vá com alguém". Por isso tenho me posicionado, para resgatar uma geração de mulheres que sonharão juntas sem se intimidarem ou invejarem os sonhos das outras.

Sabe o que mais quero abrindo meu coração através desse texto? Sim!!! Quero te encorajar a trazer à memória aquilo que te traz esperança e não permitir que nada e nem ninguém apague seu brilho.

Você nasceu para brilhar, a escritura sagrada te garante isso. A fé é fundamental nesse processo, confesse e creia que há poder nas suas palavras. A sua história pode impactar uma geração, não se cale e não se permita ser calada! Declare junto comigo:

EU ESCOLHO BRILHAR!

Recuar para que os outros não se sintam incomodados com o seu brilho não é um ato de humildade, e sim, de intimidação.

Ludmilla Varjão Suassuna

Marcia Turci

Marcia Turci, filha amada de Deus, esposa do Diego, mãe de Thiago, Lucas e Isabella, apaixonada por Jesus e ensinar pessoas.

De operadora de caixa à executiva em uma multinacional, escolhi morar fora do país e recomeçar. Abri uma empresa e um instituto, criamos o Método Advance 3F e estamos ajudando pessoas a transformarem suas vidas, com treinamentos, consultorias e mentorias, fortalecendo sua fé, alinhando a família, com crescimento profissional e prosperidade nos seus negócios, trabalhando corpo, alma e espírito para viverem seu destino cumprindo o propósito a partir da sua origem.

marciaturci

institutoturci

we4.solution

+1 (941) 7357-154

turciregina@gmail.com

20 QUANDO EU "MORRI", DESCOBRI QUE NASCI PARA VENCER

POR MARCIA TURCI

Foi no dia que eu morri que nasci para vencer. Como assim? Deixe eu me apresentar a você: sempre fui muito sofrida, passei boa parte da adolescência me sentindo derrotada, feia, rejeitada e por vezes, aliás, por muitas vezes eu carreguei a vontade de morrer. Eu não sabia lidar com tantas frustrações e o vazio que sentia na alma.

Não sei se você já sentiu isso, mas só entendi que era uma depressão e dores emocionais muito depois, meus pensamentos eram uma batalha diária, eu não acreditava que eu era capaz de nada, acreditava que a vida dava certo para todos, menos para mim.

Lembro-me de uma apresentação de jazz que iria fazer em um teatro, eu tinha apenas 10 anos e naquela tarde eu iria fazer algo especial. Ensaiei muito, estava insegura e com medo de errar, mas estava decidida a viver tudo aquilo. No entanto, ao chegar ao teatro, a professora me disse que eu não faria a apresentação e colocou sua filha para fazer no meu lugar. Naquele momento, sem entender muito, me senti uma perdedora e a dor da rejeição tomou conta do meu olhar e comecei a chorar.

A rejeição é uma das feridas emocionais mais difíceis de lidar, é profunda, gera desprezo, nos sentimos recusados por algo ou alguém e temos comportamentos de distanciamento. A rejeição está presente em todas as esferas da vida do ser humano, enquanto não identificamos e não tratamos, vivemos como derrotados mesmo sendo mais que vencedores. A falta de conhecermos a nós mesmas nos faz acreditar que somos perdedoras, preteridas, esquecidas, nos colocamos sempre como vítimas em todo tempo e não assumimos a responsabilidade de vivermos a vida de vitória que nos foi proposta.

Voltando naquele momento de dor, era uma rotina ir às aulas de jazz e eu passei a sofrer, pois não queria estar mais nos ensaios, abandonei o curso. Você já abandonou lugares, pessoas, sonhos, por que se sentiu incapaz e por identificar que sempre tem alguém melhor que você? Se sentiu rejeitada (o)? Alguém mais preparada (o) ou mais bonita (o)? Que você não nasceu para vencer e com isso sempre passa a vez? Eu sei como você se sente, aquele episódio foi só o primeiro de muitos, foi ali que uma crença de não merecimento nasceu, junto com a carência de me sentir aceita.

Levei alguns anos assim - veja que desde a infância sofria com sentimentos de derrota - fui trilhando minha jornada da vida - conquistando lugares, pessoas, resultados, mas sempre esse sentimento rondava minha mente. Vale lembrar que a mente é o nosso maior campo de batalha para vencer as guerras, isso ocorre dentro de nós, começando sempre com um pensamento que precisamos de imediato vencer e, de fato, escolher se alimentamos como derrota, vitória ou aprendizado.

Aos 24 anos, morri para mim mesma, reconheci, me submeti a uma nova vida em Jesus, e uma nova história começou a ser escrita por Deus, a vida que Ele havia projetado. Quando você o conhece e então reconhece Jesus como o suficiente, uma marca você recebe, que é de mais que vencedora e passa a descobrir quem de fato Deus te chamou para ser.

A palavra de Deus, por meio da Bíblia, conta a trajetória de um homem chamado Paulo, que nasceu de novo quando se encontrou com Jesus. Em Romanos 8, esse apóstolo nos dá uma direção de que, em Cristo, somos mais que vencedores, por meio daquele que nos amou, que somente por meio do próprio Jesus podemos alcançar a vitória.

"*Mas em todas estas coisas somos mais que vencedores, por meio daquele que nos amou.*" Romanos 8:37
Entender essa passagem bíblica não é tão fácil, pois como podemos ser mais que vencedoras se na maioria das vezes perdemos batalhar diárias?

Muitas vezes perdemos, mesmo quando tínhamos certeza de que a vitória era nossa. Perdemos aquela vaga de emprego que tínhamos certeza de que estávamos prontos, relacionamentos terminaram mesmo quando a convicção era de viver uma vida juntos; existem promessas e sonhos que não se realizam e não entendemos como poderemos conseguir vencer um dia, se nada acontece.

O sentimento de derrota e perda gera muita frustração e dor, nos faz desistir e parar, por não alcançarmos a tão esperada vitória. Passamos muito tempo sem entender sem entender e sem tratar a causa-raiz, quebrar ciclos viciosos que se repetem por nossa carência, rejeição e necessidade de aceitação.

Em uma outra ocasião, participei de uma seleção para uma promoção e fui até a última etapa, mas não fui a escolhida para vaga; a frustração tomou conta de mim, pois me sentia preparada e aquela emoção conhecida da rejeição me abraçou de novo. Sim, enquanto não identificarmos que a derrota não é derrota, viveremos abraçados às dores que alimentam justificativas dos motivos de não vencermos.

Poderia elencar inúmeros momentos que me senti derrotada, preterida e que parecia uma perseguição comigo. No entanto, quero agora colocar luz na solução, como descobri que eu nasci para vencer e não podia mais andar como derrotada.

Quando iniciei uma trajetória e imersão em me conhecer, acessei todas as derrotas que passei e, ao mesmo tempo, comecei a listar as coisas boas que passei; percebi que era muito fácil justificar que nada tinha dado muito certo para mim e quase nunca enxergava o lado bom das perdas. Sim, queridas, muitas de nós temos uma facilidade enorme de contarmos as perdas e não identificarmos os ganhos e as "pequenas" vitórias.

No processo de autoconhecimento, voltando a minha origem, criação de Deus, tudo foi ficando claro e o Espírito Santo ia me revelando que cada momento que eu perdia, eu crescia, que quanto mais as minhas vontades eram mortificadas, mais vida eu alcançava. Comecei a compreender que não era derrotada, mas havia enfrentado algumas perdas e que o aprendizado me tornava alguém com novas escolhas para vencer.

Sim, perder também faz parte do processo, mas a vitória está, também, em nascer das perdas uma pessoa melhor e isso já é uma grande vitória. Eu me perdoei, perdoei os que não me escolheram, passei a olhar para todos os momentos com olhar de aprendizado e descobri que a partir daquele processo eu iria viver como alguém vitoriosa.

Pare agora! Por favor, pegue um papel e uma caneta e escreva as perdas e ganhos em tudo que já passou, reflita sobre cada uma delas e seja honesta com você. No fundo, irá encontrar de fato o que vale a pena viver e o que precisa esquecer.

Liste agora 3 fatos marcantes que a perda trouxe impactos na sua vida:

1. ____
2. ____
3. ____

Agora, na frente dos fatos, escreva ao menos 1 aprendizado com isso.

Nessa lista, você vai encontrar fatos que você escolheu, outros que não teve escolha e poderá refletir que na maioria das vezes que perdemos, de fato ganhamos.

Quando fiz minha lista, nasceu em mim um novo sentido para aquele fato, trilhei novas escolhas e os caminhos foram sendo conquistados com resultados mais saudáveis. Então, a decisão dentro de mim foi: a morte da velha Marcia e o nascimento da Marcia original. Você já nasceu de novo?

Um certo homem perguntou a Jesus como seria possível nascer de novo, então Jesus explicou que seria necessário nascer do Espírito. Esse nascimento ocorre quando nossa principal escolha em Jesus traz a renúncia de uma vida perdedora fora d'Ele. Jesus lhe respondeu:

"*Na verdade, na verdade te digo que aquele que não nascer de novo, não pode ver o reino de Deus.*
Disse-lhe Nicodemos: Como pode um homem nascer, sendo velho? Pode, porventura, tornar a entrar no ventre de sua mãe, e nascer?
Jesus respondeu: Na verdade, na verdade te digo, que aquele que não nascer da água e do Espírito, não pode entrar no reino de Deus.
O que é nascido da carne é carne, e o que é nascido do Espírito é espírito.
Não te maravilhes de te ter dito: Necessário vos é nascer de novo." João 3:3-7

Nunca é tarde para nascer de novo, quando entendemos que por meio dele, Jesus, somos mais que vencedoras, então passamos a caminhar de vitória em vitória. Cada vez que eu nascia de uma decisão de morrer para a Marcia que tinha pensamentos e escolhas desalinhadas à criação em Deus, me tornava mais que vencedora, um passo à frente eu estava.

Ser mais que vencedora é alguém que já nasceu para vencer, é renunciar a si e seguir o Mestre que conquistou a vitória por nós, deixar a carne e viver no Espírito.

Mas, Marcia, e as perdas? Jesus nos deu um ensinamento: "*Pois quem quiser salvar a sua vida, a perderá, mas quem perder a vida por minha causa, a encontrará.*" Mateus 16:25

Meu processo de viver uma vida vitoriosa se tornou uma verdade, quando entendi que as perdas iriam acontecer, mas o comportamento de perdedora ou vitoriosa era uma escolha minha. No entanto, sozinha eu jamais iria conseguir, eu aprendi que mortificando minha carne todos os dias, meus pensamentos e vontades, estaria assumindo o meu lugar em Cristo de mais que vencedora, que com um passo à frente das dores, estaria vencendo.

Você conseguiu listar as perdas que rondam sua mente com pensamentos de derrota, rejeição e tristeza? Conseguiu encontrar algum aprendizado? Ótimo! Mas se não conseguiu, vou te dar uma palavra profética. Leia em voz alta e declare para o inferno ouvir que:

"O inferno não pode prevalecer na vida de quem descobriu que nasceu para vencer.

Fui formada ainda no ventre da minha mãe de forma maravilhosa, para ser à imagem e semelhança de Deus, me arrependo dos meus pecados e do meu passado, o Senhor já não se lembra mais, por meio de Jesus Cristo sou inserida na galeria dos vencedores e reconheço que Jesus é suficiente na minha vida.

As dores não têm mais poder de paralisar os meus projetos e o cumprimento do meu propósito, eu renuncio tudo que me separa do meu Criador e escolho todos os dias viver, perdoar e amar o meu próximo, assim como me amo e sou perdoada, amando a Deus sobre todas as coisas. Agora trarei a minha memória o que me dá esperança, eu escolho a vida de Cristo em mim, pois compreendi que Jesus morreu, ressuscitou e ali na cruz já nasci para vencer. "

Agora, vá e MANIFESTE a glória de Deus cumprindo seu propósito, deixando um legado, porque você é FILHA e SOMOS MAIS QUE VENCEDORAS.

O inferno não pode prevalecer na vida de quem descobriu que nasceu para vencer.

Marcia Turci

Noelma Lucena

Noelma Lucena, esposa, mãe, filha, pastora, escritora, radialista e palestrante. Fundadora da Igreja Tabernáculo, na cidade de Vitória da Conquista/BA, uma igreja marcada por grandes avivamentos. Coordenadora e fundadora do Congresso para mulheres Jardim Secreto, levando mulheres a se conscientizarem quem são em Deus.

Sou serva do Senhor, esposa de Sergio Mateus, mãe de três: Sergio Filho, Rayssa e Lorenn Mateus; avó de quatro, filha de Antônio e Marly Rodrigues.

Grata ao Senhor pela vida e vivo com o propósito de cada dia ser transformada por Deus em busca de outros para serem transformados, na tentativa árdua de formar um exército de homens e mulheres que herdarão os Céus.

Estou a sua disposição para te servir.

noelmalucena

noelmalr@hotmail.com

21 A MORTE NÃO TEM PODER SOBRE A VIDA

POR NOELMA LUCENA

Em setembro de 2016, em viagem a Israel, tive uma das maiores experiências de minha vida. Prostrada em oração no Jardim do Túmulo, a presença do Senhor pairava sobre aquele lugar. Ali, ouvi uma voz sussurrar ao meu espírito: "O tema do próximo Congresso Jardim Secreto será o Jardim da Ressurreição". Fiquei extasiada. Aquela voz, Aquela presença! Levantei-me e andei pelo Jardim, sentindo aquela atmosfera da ressurreição de Jesus.

Imaginei quantas ressurreições haveria no próximo congresso. Quantas mulheres espiritualmente mortas, com casamentos, famílias, sonhos e corpos destruídos por doenças, ressuscitariam do seu estado de morte diante de Deus. Voltei ao Brasil, segui minha vida.

Até então, nunca havia notado que em todos os anos de congresso, eu vivia na pele o tema escolhido. Se o tema de 2017 era o "Jardim da Ressurreição", nem podia imaginar o que viria pela frente. Em agosto do ano seguinte, em uma manhã de domingo estava sozinha e deitada na minha cama, quando comecei a sentir algo muito estranho, como se fosse descargas elétricas que vinham dos meus ombros e desciam até os meus braços.

Aquilo não se parecia em nada com os sintomas que costumava sentir. É que eu já carregava, havia 12 anos, o diagnóstico de uma enfermidade autoimune, chamada doença mista do tecido conjuntivo: uma combinação de lúpus, esclerodermia, associada à artrite reumatoide, que, além de poder atacar todos os órgãos internos, tem potencial para provocar endurecimento da pele, deformações e até mesmo levar à morte.

Já considerava um milagre de Deus estar viva até então, sem nenhuma deformidade em meu corpo, na minha pele; tenho meus órgãos interno íntegros até hoje. Apesar dos exames, não existe em mim nenhuma marca desse diagnóstico terrível.

Então, ainda no quarto, aqueles tremores perduraram por uns cinco minutos. Foi quando liguei para meu filho e pedi que me levasse ao pronto-socorro. Às 10h, dei entrada no hospital e, após ter meu sangue coletado, senti novamente uma descarga rápida, de aproximadamente um minuto. Até às 18h, nenhum diagnóstico tinha sido dado. Ao final do dia, meu filho pediu à médica do novo plantão que olhasse os resultados dos exames, pois desde a manhã aguardávamos pelo diagnóstico. Quando, para a nossa surpresa, a médica olhou para ele com os resultados em mãos e disse: "Sua mãe infartou e deve seguir imediatamente para a UTI".

Apesar do enorme susto, havia uma paz muito grande dentro de mim. Despedi-me da família, fui para UTI, onde permaneci por três dias. Naquele lugar frio, louvei a Deus e pedi para Ele mostrar o propósito daquilo tudo. No terceiro dia, fiz o cateterismo e constatou a gravidade. Por um milagre, não precisei de cirurgia para colocação do *stent*. Fiquei internada por sete dias, comecei a ter uma febre, inexplicável pelos médicos, fui medicada como se estivesse com uma leve pneumonia. Recebi alta no sétimo dia, mas a febre persistiu.

Por conta da doença autoimune, meu quadro inspirava maior atenção. Ao saber da situação, o reumatologista que me acompanhava desde o diagnóstico, o saudoso Dr. Morton Scheinberg, pediu para que eu fosse para São Paulo o quanto antes. Peguei o primeiro voo. Ao desembarcar, fui direto para o Hospital Beneficência Portuguesa, onde os médicos começaram a me avaliar. Começou então uma aceleração grave nos batimentos cardíacos e meu estado de saúde começou a se agravar, decidindo a equipe médica me encaminhar para UTI e uma bateria de exames foi feita. Com os resultados, mais uma notícia assustadora: os médicos descobriram que eu estava com infecção generalizada. E isso complicava muito a situação.

A doença autoimune é um quadro em que as células de defesa de uma pessoa se "enganam" e começam a atacar o próprio corpo. Acontece que, com o quadro infeccioso, minha única chance de recuperação era justamente... meu sistema imunológico reagir.

Os médicos enfrentaram um dilema: se suspendessem os medicamentos imunossupressores para combater a infecção, o lúpus poderia aflorar num corpo já debilitado; se continuassem a suprimir minha imunidade, a infecção poderia evoluir de maneira ainda mais grave. Meu quarto foi sinalizado por conta da possibilidade de contaminação. Todos que ali entravam, utilizavam roupas especiais que, após o uso, eram descartadas. Imaginei que era o fim. Foi grande o empenho dos médicos, uma luta diária entre eles para descobrirem qual medicação poderiam usar para aniquilar aquela bactéria que destruía os meus órgãos.

Meu pulmão foi muito atingido, a saturação estava cada dia mais baixa, minha pleura havia sido tomada pela água, eu precisava de aparelhos para respirar. Apesar dos medicamentos, o pulmão não reagia, ao contrário, piorava; havia feridas em minha boca, mãos e no meu esôfago. O cenário era de aflição. As esperanças humanas iam se esvaindo pouco a pouco.

No entanto, havia uma família que chorava e clamava ao Senhor, havia uma igreja, a qual presido, em guerra de oração. Em todas as igrejas da minha cidade, um exército se formou para batalhar em oração pela minha vida. Apesar disso, o quadro só piorava.

Nesses dias de agravamento, lembro-me de uma ocasião em que vomitei muito sangue. Nesse dia, me coloquei na presença do Senhor e disse: Eis-me aqui. Se quiseres me levar, estou pronta. A partir desse momento, não consigo me lembrar de muita coisa. Não mais compreendia a gravidade da situação, não sentia o que se passava comigo.

O que passo a relatar agora me foi dito pela minha filha Rayssa, que à época morava em São Paulo. Ela, então grávida de 7 meses, e seu esposo estiveram comigo no hospital, naqueles dias terríveis.

Foi no décimo sexto dia de UTI que os médicos transmitiram aos meus filhos o quadro assustador: em resumo, tudo que estava ao alcance da equipe médica, havia sido feito. Mas a situação só se agravava. Não havendo outra solução médica, eu teria algo como 48 horas para apresentar uma reação. Fui desenganada naquele dia.

Ao meu redor, uma família abalada e já quase perdendo a esperança, uma igreja que clamava incessantemente. Quanto a mim, sentia que estava num vácuo escuro e descia em velocidade a caminho de um buraco frio que eu julgava ser as trevas da morte; eu só conseguia enxergar uma escuridão fria. Minha mente parecia estar muito distante e de muito longe eu ouvia a movimentação que ocorria dentro da UTI, meus filhos que falavam em meu ouvido: "Mãe, reage.". Àquela altura, precisei utilizar um respirador mecânico, tinha meu corpo tomado por fios e aparelhos.

Mas algo sobrenatural estava reservado para mim. Ludmila Ferber, pastora e amiga, após tomar conhecimento do meu estado de saúde, ligou para meu filho e pediu para que colocasse o telefone em meu ouvido. Naquela hora, passei a ouvir de muito longe uma voz que, aos poucos, foi se tornando mais alta e mais forte. A voz dizia assim: "Noelma, você não vai morrer. Você não vai morrer! O seu ministério não acabou. Volte à vida, Noelma". E bem alto ela clamou: "Noelma, profeticamente eu te digo, volte à vida, o Brasil precisa de você". Naquele momento, a minha descida naquele vácuo escuro e frio foi interrompida por uma mão poderosa que segurou no meu braço direito e, com força, com a velocidade da eternidade, foi me trazendo de volta ao mundo real. E eu ouvi uma voz poderosa, com muita autoridade dizendo: "A MORTE NÃO TEM PODER SOBRE A VIDA!". Lembro-me de que abri os olhos e vi meus filhos ao redor da minha cama, em um ambiente de muita luta pela minha vida, me senti muito segura, porque aquela voz, a mesma que eu ouvi no Jardim do Túmulo em Israel, continuava falando: "A MORTE NÃO TEM PODER SOBRE A VIDA". Por fim, ouvi ainda as últimas palavras: "E A VIDA SOU EU!". Senti como se uma força tomasse o meu corpo, algo novo brotava dentro de mim.

Da UTI fui para a semi-intensiva. As feridas convalesceram e o apetite voltou. Como havia perdido muita massa muscular, ainda não tinha forças para me locomover. Mas o principal: a força da VIDA estava em mim, conduzindo a restauração da minha saúde. No vigésimo oitavo dia, tive alta do hospital. Os médicos foram ao meu quarto e disseram: "Você nasceu de novo".

Minha experiência com Deus foi tão real, que saí daquele hospital com o mesmo sentimento do apóstolo Paulo, *"Porque para mim o viver é Cristo e o morrer é lucro*." (Fl 1:21). Movida pelo desejo de viver por Cristo, as coisas dessa terra perderam a importância. Senti que minha responsabilidade agora seria muito maior: a de testemunhar sobre um Deus que me deu a vida de volta, que me trouxe fortaleza e cura em meio à doença.

Fui tomada pela necessidade de dizer ao mundo que há um Deus que faz milagres. Já era pastora e já tinha uma vida compromissada e cheia de grandes experiências com Deus, mas depois que a VIDA me trouxe de volta à vida, entreguei-me totalmente ao serviço do Reino, por onde passo, Deus tem marcado pessoas com meu testemunho. Muitas outras vidas têm sido libertas, curadas pelo poder do nome de Jesus. Após meu milagre, tenho visto câncer ser colocado para fora, doenças das mais diversas serem curadas, mulheres estéreis sendo mãe de filhos, pessoas em estado grave de depressão e cativas do diabo sendo libertas, famílias restauradas e o evangelho tem sido pregado. Eu vivo para servir Àquele que me curou: Jesus, o filho de Deus!

E você, querido(a) leitor(a), que acaba de ler esse testemunho, Deus também tem um milagre para sua vida, e esse milagre é agora. O mesmo Deus que me resgatou do abismo da morte, e que me deu a vida de volta, esse mesmo Deus está tocando em você agora, trazendo sobre ti a cura, seja qual for a sua enfermidade, seja qual for a sua dor. O Senhor está trazendo sobre sua vida a ressurreição dos seus sonhos, do seu casamento, dos seus planos. O Senhor toca agora no seu útero infértil e creia que, no tempo da geração de uma vida, seu bebê estará nos seus braços.

Eu profetizo vida sobre você! O mesmo Deus que me trouxe provisão de vida, toca você agora. Pois aquilo que você achava que estava perdido, Ele trará a você em um novo tempo, um novo ciclo de muitas experiências e de vitórias, um tempo de cura e de milagres sobre sua vida, em nome de Jesus!

A morte não tem poder sobre a vida!

Noelma Lucena

Pâmela Carvalho

Pâmela Carvalho, mãe, estudante de Teologia Bíblica pela Faculdade Internacional Uninter USA, psicanalista clínica cristã em formação pelo Instituto Fazendo a Diferença (IFD).

Também tive a oportunidade de participar da mentoria Chamados à Excelência e CIA, com a pastora Camila Barros.

Palestrante e mentora de mulheres. Minha missão é ajudar mulheres a acessarem à cura interior e viverem a plenitude de Deus em suas vidas.

pamelacarvalhopsicanalista

+1(732) 693-0867

Pamela Carvalho

22 "ASSUMA O COMANDO", GOVERNE!

POR PÂMELA CARVALHO

Em oração, enquanto escrevo este capítulo, peço ao Senhor que não permita você terminar essa leitura da forma que começou. Está preparada? As páginas a seguir serão um convite desafiador para o início de uma nova fase em sua vida, vamos juntas nessa jornada de transformação!

Esse capítulo foi escrito com verdade, coragem e humildade, narrando a história de alguém que rompeu com o medo e vive um propósito muito bem definido, de semear transformação! No decorrer desse capítulo, vou trazer a você a revelação de quem Deus é na minha vida, os desafios que enfrentei e a transformação que vivenciei n'Ele.

Nasci e fui criada em um lar disfuncional, cresci em meio a muitos conflitos familiares e devido a esses conflitos, eu me tornei uma mulher em fuga! Essa foi minha realidade durante grande parte da minha vida! João 4:28 descreve a história de uma mulher em fuga, a mulher samaritana. A história dela se parece muito com a minha e com toda a certeza é a realidade de muitas mulheres na sociedade em que vivemos hoje. Mas do que ela fugia? Provavelmente, vivia fugindo e se escondendo, da situação familiar e sentimental nada regular, fugia da rejeição, do julgamento, da vergonha pela história que ela carregava!

Quero convidar você a analisar sua história, pois todas nós, em algum momento de nossas vidas, temos algo pelo qual estamos fugindo. Se essa for sua realidade, ela termina hoje! Você crê? Quando Jesus chegou naquele poço, estava cansado, com fome e sede. Se Ele quisesse, poderia ter pego água, mas pediu propositalmente a ela, a fim de provocar um diálogo. Ele sabia exatamente das necessidades e frustrações daquela mulher, ela estava amargurada, cheia de complexos e vergonha!

Como a mulher samaritana, eu passei por um período de fuga na minha história e, aos 16 anos, fugindo do cenário disfuncional que eu vivia em família, conheci meu primeiro marido. Essa relação durou 16 anos. Devido a nossa imaturidade, ambos com pouca idade no início da relação, falta de experiência, presença de vícios, éramos duas crianças assumindo a responsabilidade de um lar. Aos meus 25 anos, tivemos a primeira separação. Nesse período, a carga do passado se uniu com a carga da separação que eu estava enfrentando! E todo esse peso gerou uma profunda depressão, que durou 1 ano! Nesse período, meu casamento foi reatado, mas as coisas não faziam mais sentindo para nós, não havia mudança, os mesmos problemas e vícios nos assombravam e decidimos seguir caminhos diferentes.

Em dezembro de 2016, conheci meu segundo marido. No primeiro abraço dele, senti meu coração saltar fora da boca, eu queria aquilo mais que tudo, parecia que aquele abraço fazia meu mundo interno de dor e traumas silenciar, eu só queria viver aquilo! Amor? Naquele momento, eu poderia afirmar que sim, mas hoje, após todo processo que eu passei com ele, eu defino como dependência emocional, carência, medo de abandono, rejeição, falta de identidade e traumas do passado. Todos esses fatores foram silenciados naquele abraço, me dando a sensação de que aquilo era a solução dos meus problemas!

A partir desse relacionamento, iniciei minha caminhada cristã! Acompanhando meu ex-marido na época, fui algumas vezes à igreja e tive a maior experiência com Deus da minha vida! Eu não sei te explicar em palavras como foi, mas posso te dizer que depois daquele dia, eu nunca mais fui a mesma! Me senti como Paulo no caminho de Damasco! Ele era conhecido como um dos perseguidores de cristãos, o mais cruel de seu tempo. Mas, tudo mudou quando ele teve um encontro com o próprio Jesus e, a partir desse momento, o jovem se tornou um dos apóstolos mais influentes do cristianismo!

O encontro com Deus faz toda diferença na vida de uma pessoa: Jesus encontrou-se com a mulher samaritana, Jesus encontrou-se com Paulo,

Jesus encontrou-se comigo. Esses são apenas alguns exemplos diante de milhares de pessoas que tiveram suas vidas transformadas a partir de um encontro com Deus!

Após 2 anos de casados, fui enviada para os EUA junto com minha filha mais nova e meu marido. Nessa época, minha vida se tornou um caos, aquele abraço que me trazia paz havia se transformado em um lugar de horror! Eu estava cansada de ouvir as mesmas coisas: "Eu não quero mulher santa". Essa frase vinha logo depois que eu me negava a colocar outra mulher na nossa cama.

"Eu nunca gostei de você, fiquei com você por pena."
"Eu não preciso de você pra nada."
"Morre, seu diabo."
"Você é um câncer na minha vida."

Nada do que eu fazia tinha o poder de mudar aquela situação e eu não conseguia entender o porquê aquilo estava acontecendo comigo: abusos emocionais, físicos, sexuais, abuso financeiro, traições! Havia momentos em que eu achava que eu não iria suportar, eu não conseguia pensar em mais nada, porque o homem que tanto confiei se transformou em alguém que eu mais temia.

Eu sou a prova de que Deus muda histórias, ninguém viu os dias de choro, as noites em claro, os propósitos de oração na madrugada, as renúncias, as vezes que eu silenciava quando minha vontade era gritar! Só Deus viu o sofrimento, Ele estava lá em todos os momentos e no tempo certo o resgate veio, o livramento chegou! No processo, eu aprendi que o Deus que mudou minha história não deixa uma filha sozinha. No processo, Deus te resgata, te restaura, te reconstrói, te ensina, te transforma, te cura. No meio do meu deserto, Deus me fez alguém que quando eu estava precisando de um abraço, ele me mandava abraçar, quando eu precisava de uma oração, ele me mandava orar por alguém. Foi aí que eu entendi que nunca é sobre nós, mas sobre Ele! Eu quero te dizer: há propósito na dor, aquilo que veio para me matar me preparou para algo maior, as minhas feridas que doíam tanto, hoje se tornaram remédio para curar as dores de alguém!

Escrevo a todas às minhas irmãs que estão sendo preparadas para levantar suas vozes e mudar a história! Vocês são filhas de um Deus valente e poderoso, cuja palavra é eterna e eficaz! Foi confiada a nós uma ordem poderosa, sem igual, em um tempo como nenhum outro. Utilizem-na com hábil precisão, discernimento e amor! Exerça a ordem dada em Gênesis. Em Gênesis 1:28, Deus abençoou o homem e a mulher e lhes disse: "Sejam férteis e multipliquem-se! Encham e subjuguem a terra!". Subjugar: dominar, governar! Governe! Governe sobre todas as coisas, mas principalmente sobre você.

Governar a nós mesmas é o nosso maior desafio. Minha fuga e minha falta de governo nas emoções me lançaram em lugares perigosos, onde somente o Senhor poderia me resgatar! Eu não conheço sua história, mas a partir da minha eu quero ministrar algo sobre você! Em todos os processos que passamos com Deus, Ele nos ensina a desenvolver nele habilidades que farão toda a diferença em nossa caminhada! *Não devemos fugir dos problemas, mas enfrentá-los e vencê-los.*

Termino esse capítulo conduzindo você pelo caminho que percorri, para restaurar a minha identidade e para compreender e assumir meu propósito! Meu primeiro passo para a cura foi entender que Deus não era culpado pelas minhas escolhas! Temos a tendência de perguntar a Deus porque tais coisas acontecem conosco, nos impedindo assim de acessar a raiz do problema! Temos a mania de tentar achar o culpado pelo que estamos passando e perdemos a oportunidade de sermos curados! A sua cura só depende de você!

Analisando o meu cenário de vida e conhecendo quem Deus é, posso te dizer que Ele sempre arruma um jeito de nos avisar, ele tentou me avisar, me deu sinais, mas estamos tão envolvidas em nós mesmas e em nossas vontades que esquecemos de olhar para Ele! A bondade de Deus me resgatou, o "não" de Deus diante dos pedidos de restauração da relação foram proteção, livramento! E para ser curada, precisei passar um tempo comigo mesma para me reencontrar e entender que eu não era o que me fizeram! Mas sim, quem Deus me criou para ser! Quando você conhece a raiz do problema fica mais fácil resolvê-lo.

Você possui capacidade para se tornar a pessoa que verdadeiramente nasceu para ser e construir uma nova história! Conhecer seu propósito e conseguir vivê-lo precisa se tornar um princípio em sua vida! A sua vida é infinitamente mais do que os resultados ruins e medíocres que você pode ter tido até agora! Esqueça as mentiras que o inimigo tentou implantar em sua mente, tome o governo e siga em busca de se encontrar em Deus! Você não pode mudar seu passado, mas com Deus você pode escrever uma nova história. Você não é o que te fizeram, você não é seus traumas, você não é suas dores, você não é suas rejeições, você não é seus abandonos, você não é suas decepções!

Você é quem Deus te criou para ser! Você foi escolhida! Quando você muda, seu ambiente muda! PARE DE FUGIR E ASSUMA O CONTROLE! (João 15:16-17)

A verdadeira cura da alma começa com um relacionamento genuíno com Jesus Cristo. Ele é o restaurador de almas quebradas (Salmo 23:3). Filha de Deus, ele quer restaurar a sua história! Pare de ser reflexo de sua história e de fugir dos seus problemas. Lembre-se diariamente da bondade de Deus, redenção e misericórdia. Amada, ouça a voz do Espírito Santo te dizendo: "Você não é o que te fizeram, viva como uma filha, governe seus pensamentos e você dará um golpe certeiro no inimigo!" Uma mulher curada se torna agente de cura para as próximas gerações! A sua ferida não vai te parar, pelo contrário vai potencializar você!

Governe sobre todas as coisas, mas, principalmente, exerça governo sobre você!

Pâmela Carvalho

Sandy Margon

Sandra Margon, brasileira, residente nos Estados Unidos, CEO da Clever School, professora de inglês formada em línguas pela Universidade de Cambridge, assessora de eventos no Estado de Washington DC, hoje pastora e fundadora do ministério Reciclando Nações.

Idealizadora da mentoria "Reciclando raízes", ajudo mulheres no desenvolvimento de sua autoestima através da reciclagem de emoções e fortalecimento de suas habilidades, criando assim uma mentalidade de governo sobre todas as esferas de influência da sociedade.

Filha de pais adotivos e protagonista de uma história de superação, busco impactar vidas através do poder transformador da palavra de Deus.

pastorasandymargon

reci.clandonacoes2023

+55 (31) 9618-2343

mrnnacoes2023@gmail.com

23 DE ESCRAVA À GOVERNADORA

POR SANDY MARGON

Um paralelo, talvez uma história tão semelhante quanto a mais linda e talvez mais dolorida narrativa bíblica de uma personagem que sofrera a dor da rejeição, abandono, calúnia, difamação, perseguição, prisão e por fim, a honra.

Dia 28 de julho de 1980, data memorável no coração do Criador, sua criatura recebe o folego de vida ao adentrar um mundo incerto de governo maldoso e astuto, aquele mundo que jaz no maligno. Não era o nascimento de qualquer ser, de forma alguma. Era o nascimento de um projeto, arquitetado, planejado propositalmente para uma grande obra. Quem dera se no âmbito da minha consciência, ainda não ativada, eu soubesse desse mistério. Uma alma, um espírito e um corpo agora contextualizado em uma geografia, assim como subordinado à leis e crenças pré-estabelecidas pelo Criador, em um ambiente familiar complexo, porém determinado por Ele para que eu vivesse capítulos de uma história de superação.

Exatamente assim começa a narrativa da minha trajetória, como já citada, a geografia envolvendo minha vida embora envolta de amor e zelo, e digo isto, que na tocante família, também envolvia um mistério. Sempre fui considerada aquela criança dotada de alegria e talentos, comunicativa, cativava a todos, a bailarina da família, a espoleta, a personalidade sanguínea já exteriorizada ainda na infância.

Interessante como a memória dessa época gritava na minha adolescência, era como que intrigante, pois parecia um mundo distante, uma voz estranha da realidade que de fato eu vivenciava dentro de mim. Eita adolescência reveladora, conflituosa! Confesso que exatamente agora quando digito para vós, dou gargalhadas, mas naquele tempo eram lágrimas aprisionadas em sorrisos falsos de uma menina que se descobria mulher, em uma vida totalmente controlada por mentiras, ameaças e muito medo.

Contraditório, não é mesmo? Tamanha contradição se potencializava em minha mente e incógnitas se perpetuavam em noites de pesadelos sem respostas. Me recordo dessa vez que estava na escola, na 8ª série e a professora de Biologia pediu para que fizéssemos uma tarefa, precisaríamos coletar algumas informações da família. Estávamos estudando sobre genética, eu super empolgada cheguei em casa e fui logicamente à fonte, minha mãe, e ela como que se transformou em uma folha de sulfite, gaguejou e falou que não iria fornecer tal informação e que ela mesma resolveria essa questão.

Sinceramente, eu fiquei sem entender tal reação e por dias bati na mesma tecla com ela para entender tamanha revolta, nunca obtive a resposta; é importante enfatizar que meu relacionamento com minha mãe e irmã aqui já não era um dos melhores. Sim, tenho uma irmã, não de sangue, e que por muito tempo tive ciúmes e por muitas vezes me comparava a ela, creio que pelo relacionamento afetuoso que ela tinha com nossa mãe, ao contrário de mim, não porque eu não quisesse, mas pelo simples fato de não conseguir.

Anos se passaram, o decorrer da história foi basicamente o mesmo: comparações, ciúmes, medo, inveja, alguns relacionamentos, namoros de adolescente não convertida a Cristo e bagagem de dores e frustrações. Eram sempre as mesmas lutas, os ciclos que se repetiam, a teimosia em fazer tudo da minha maneira, uma capa protetora, sempre com o modo defensivo ativado.

Minha mãe sempre se esquivando das perguntas mais cabulosas que eu tinha, eu sempre sem respostas e meu pai super ligado à linguagem de amor do mundinho dele: dinheiro e investimento. Demorou um tempo para entender que essa era a maneira dele amar, até que aceitei, pois ele era incrível, que paizão que tive! Que saudade! A sensação aqui era de prisão, me sentia presa a sentimentos que eu não entendia, eram sensações de rejeição, abandono, não me sentia compreendida por ninguém, me sentia escrava dos pensamentos, sempre me colocando em lugar de vítima. Até que, aos

24 anos, tomei a decisão de me mudar do Brasil e vir para os Estados Unidos, meu relacionamento com minha mãe adotiva piorava, ela tinha um ódio de mim, eu sentia medo dela, me sentia rejeitada e não amada, precisava fugir... Eis que a fuga aconteceu, vim para o exterior, a brasileira sonhadora, cheia de traumas e se achando a livre e desapegada dos pais, o passarinho longe da gaiola e pronta para viver uma vida sem regras, sem medo. Mal sabia que eu tinha um Pai que tudo via, que tudo sabia e que já havia projetado um plano de resgate dentro desse contexto.

Tudo fluía "bem", trabalhava em uma escola de inglês, fazia faxina esporadicamente, tinha um relacionamento estável com um rapaz, até que em uma quartafeira o telefone tocou e a notícia que eu nunca esperei ouvir, veio: o falecimento de meu pai adotivo. O LUTO, a perda; começou aí o resgate da minha identidade. Foram meses lutando para aceitar essa perda, a depressão assolou minha alma, síndrome do pânico, um medo de morrer que fugia de toda normalidade, não sabia mais quem eu era. Perdi meu trabalho, meu relacionamento acabou, me vi sozinha, sem família, amigos se distanciaram e eu passei a me sentir novamente a pessoa mais solitária e vitimizada pelas circunstâncias adversas da vida.

Os pensamentos e palavras da infância, que por muitas vezes escutava de parentes e amigos dos familiares mais achegados, bombardeavam minha mente e cada vez que eles me setavam, menos forte eu me sentia e mais presa eu me tornava em mim mesma. Os dias eram longos, me tornei escrava de medicamentos e sem forças para lutar, não conseguia procurar ajuda, até que uma amiga veio até a mim e me apresentou a Jesus. Eu, euzinha, aceitando a Jesus? Sim, eu mesma, a desacreditada, perseguidora de cristãos, a vítima, a revoltada, a ovelha negra, a problemática, sim, essas eram as vozes que ecoavam dentro de mim, mas havia uma que se sobressaia: "Você não e digna desse amor!"

Por meses lutei contra essa voz, foi uma luta espiritual tremenda, eram campanhas, cultos e nada de eu melhorar, uma batalha na mente infindável e que eu não conseguia vencer. Procurei ajuda de todas as maneiras, mas nunca conseguia vencer, meu *mindset* estava programado no passado, nas minhas limitações, nas palavras de maldições, nas crenças limitantes em que eu fora criada, sempre culpava alguém ou algo por tudo aquilo que passava.

Até que um dia, minha mãe adotiva resolveu contar toda a verdade sobre mim e em uma breve viagem até aqui, Estados Unidos, ela revelou a verdadeira história da minha vida: rejeitada no ventre da minha mãe biológica e abandonada quando tinha um mês. Vocês podem imaginar como me senti? Traída, enganada, trapaceada e agora tinha que eu resolver dentro de mim todos os conflitos que me apresentaram ali, como se eu fosse a pessoa mais forte do mundo.

E não teve jeito, foi assim mesmo que Jesus trabalhou em mim, na minha fraqueza, na minha dor, na calúnia, nas vozes contrárias que insistentemente oprimiam minha mente como: "Sua mãe não te amou", "Você foi rejeitada". Foram meses buscando respostas e a cada oração, a cada dor e perda durante o processo, mais eu sentia o poder de Deus em mim. Eu precisava ser forte e sentia que não seria ninguém que faria aquilo por mim, não era o pastor, a irmãzinha do ciclo de oração. NÃO, era eu mesma.

O poder de Deus começou a se aperfeiçoar em mim, era como se gradualmente aquelas correntes fossem caindo, uau!, eu estava potencializando a presença para viver o propósito, a minha busca pela intimidade com o meu Criador fez com que eu entendesse de onde vim e para onde eu estava indo, o sentimento de escravidão lentamente se dissipava da mente, o "Eu não consigo" já não existia mais, o "Eu não posso" passou a ser substituído por "Sim, eu consigo, eu tenho um pai que está comigo, eu nasci para governar como José!" Sim, eu fui escolhida desde o ventre para um grande propósito e mesmo que abandonada e rejeitada pelos meus pais biológicos, eu tinha Jesus e nele encontrei o meu refúgio e minha verdadeira identidade de filha.

Essa mudança de conduta, os decretos que começaram a ressuscitar dentro de mim, o reencontro com a minha essência, a necessidade de eu mesma governar minha vida, pela primeira vez surgiram dentro mim. Era uma voz potente, de autoridade, que precisava ser verbalizada; eu comecei a ver tantas "Sandras" que eu não podia mais reter essa experiência. Seria bastante egoísta. Era necessário transbordar em outras vidas. Uma escrava presa a tantas mentiras passou a ser governadora de suas emoções.

Foi um processo doloroso, mas necessário, para poder hoje ser testemunho de uma verdadeira reciclagem na alma, feita pelas mãos do Senhor e potencializada através dos meus esforços, disciplina e persistência. A minha alma reencontrou o lar, e mesmo que as vozes contrárias quisessem me levar para outra direção, já não conseguiam mais, a minha mente já estava reprogramada, a dor já não governava mais, mas eu sim, governava sobre minhas emoções e medos.

Hoje, reconheço minha identidade de filha, de um Deus invisível que me deu autoridade de governo. Minha missão é ajudar mulheres a romperem as barreiras da rejeição e impotência através do desenvolvimento da autoestima, conhecimento da palavra e aplicabilidade dos talentos existentes em cada uma delas.

Quanto mais potencializamos a presença, mais nos fortalecemos para o propósito.

A tua dor tem intimidade com o teu propósito. Alinhe-os.

Sandy Margon

Pra. Simone Silva

Simone Silva Soares, mãe de Heitor Silva, pastora na Aliança Church, ao lado do seu esposo, pastor Felipe Silva. Preletora, teóloga, psicóloga pastoral e psicanalista.

Líder e fundadora do Projeto Conexão Feminina, um *network* de conhecimentos e destinos. Idealizadora da imersão "O segredo está nas raízes", trazendo a mulher para o seu propósito e fortalecendo sua confiança, para viver de maneira saudável.

A minha missão é ensinar em todo o tempo e no âmbito espiritual, resgatando-as dos traumas e dores do passado. Carrego comigo um grande sonho de ver muitas mulheres curadas e que governem bem suas emoções.

pastora_simonesilva

+55 (31) 98412-6806

projeto.conexaofemininabh@gmail.com

24 O SEGREDO ESTÁ NAS RAÍZES

POR PRA. SIMONE SILVA

Traumas, bloqueios e feridas emocionais nos parecem assuntos secundários, até que estes temas passem a fazer parte da nossa própria vida. No verão de 2015, casada, morando em outra cidade, longe da família, dos amigos, da rotina cotidiana. Deixava ali um passado para trás, em busca de construir algo novo.

Atravessei um dos momentos mais difíceis e solitários da minha vida, pensei que recomeçar em outro lugar seria fácil. Sozinha, não podia contar com muita gente, tive problema de aceitação, ao ponto de precisar de algo e não conseguir pedir ajuda, achei-me magoada, injustiçada, rejeitada e abandonada. Vivi dias escuros, naveguei em mares bravios, caminhei em áreas pedregosas. Nessas horas, parece que o mundo tinha parado e que nada mais fazia sentindo. Sem coragem, sem força, vivendo em um círculo repetitivo de dor, comecei a falar insistentemente com Deus, pois queria respostas.

Depois de um dia aparentemente normal, decidir ir ao monte, o lugar onde meu corpo e minha alma descansam, estava calada, decidir não falar, ficar em silêncio aliviava a dor. Foi quando de repente...Fui sacudida por uma voz que dizia: "Filha, levanta! Através de você sararei outras mulheres!". Cabisbaixa, respondi: "Senhor, isso é impossível! Preciso me curar do que me feriram, se não vou sangrar em cima de pessoas que não me cortaram". Foi quando a voz dele se voltou a mim novamente e disse: "Filha! pare de procurar nas folhas o que encontra-se na raiz!". E Deus continuou: "Você precisa passar por Samaria, sem fragmentos da Judéia. Vem inteira.
Lembra de Jesus em João 4:1-4?

1. Os fariseus ouviram falar do que Jesus estava fazendo e batizando mais discípulos que João, embora não fosse Jesus quem batizasse, mas os seus discípulos.

2. Quando o Senhor ficou sabendo disso, saiu da Judeia e voltou uma vez mais à Galileia.
3. Era-lhe necessário passar por Samaria.

Meu filho Jesus passou por um aborrecimento ao ver o que os fariseus falavam dele, acusando-o de algo que não estava fazendo. Ele não discutiu, não se entristeceu, não se fragmentou por causa deles, mas saiu por inteiro daquele lugar para viver o seu propósito. Agora ouça o que eu digo: Levante-se e vai para Samaria, porque lá irei me revelar para você!"

Saí às pressas do monte e fui para casa pensando a respeito. O impacto que recebi de Deus foi tão grande que entendi que aquele propósito não poderia morrer em mim, pois ele não era só meu. Comecei a me dedicar para este sonho, noites e noites debruçada em livros, Bíblias, pesquisas e mais pesquisas sobre traumas, dores, e pude descobrir que os problemas vividos na minha infância haviam provocados algumas cicatrizes emocionais que atrapalhavam minha relação com o mundo quando adulta.

Ao iniciarmos um ciclo, lembranças e experiências são deixadas para trás, transformando-se em passado. Foi isso que aconteceu comigo, meu problema não estava em um verão passado, mas sim, em uma infância difícil, uma adolescente que teve que carregar a família nas costas para aliviar o fardo da mãe, uma adulta que foi fragmentada na sua história, que estava existindo e não vivendo. Vivia um fardo de dores, sobrecarregada, presa em pessoas que me feriram, portas que se fecharam e em perdas.

Quantas vezes insisti em ficar na Judéia (passado), procurando respostas para as minhas dores. Quando me via, já estava eu ali, me despedaçando para realizar manter pessoas inteiras. A cada dia que passava, uma ferida emocional era aberta e, com elas, bloqueios que me impediam de viver algo novo em Samaria. Não adiantava nada mudar de cidade, começar um ciclo novo, se a ferida da Judéia estava dentro de mim.

Detectar as feridas emocionais não é algo fácil, são ferimentos resultados de situações de conflitos e mágoas que acabam marcando nossa vida profundamente. De acordo com a escritora e filósofa Lise Bourbeau - que já escreveu vários livros na área de desenvolvimento pessoal - toda criança nasce alinhada com a alegria de ser ela mesma (primeira fase da vida), para depois conhecer a dor de não poder agir da forma que gostaria (segunda fase) vivendo então um período de revolta (terceira fase). Como solução para essa situação, ela se conforma e passa a ser o que querem que ela seja (quarta fase).

Nem todos passam por todas as fases, algumas pessoas paralisam na terceira e vivem em situação de crise e revolta, onde foi o meu caso. É na quarta fase, quando nos adaptamos ao que é esperado de nós, que criamos nossas máscaras de proteção, a fim de evitar viver o sofrimento que experimentamos na ocasião da segunda fase.

As feridas da infância nascem nessa segunda fase da vida, ou seja, quando a criança percebe que não pode ser ela mesma. No momento em que a criança experimenta o trauma que gera a ferida, ela já inicia o processo de criar uma forma de se proteger da dor que está sentindo.

Obs.: Ressalto aqui a importância de um olhar sem julgamentos, pois muitas vezes o adulto (pai e mãe) age da melhor forma possível, dando o que tem e o que aprendeu ser o melhor.

Vamos falar destas feridas, assim te ajudo na identificação daquilo que precisa de cura.

- Ferida da Rejeição - Máscara do Escapista

Durante o desenvolvimento, a criança não se sentiu suficientemente amada e acolhida pelas figuras de referência que estavam ao seu redor. Como no começo a pessoa forma sua identidade a partir da maneira como é tratada, se ela for desvalorizada e depreciada constantemente, pode internalizar em si uma autoimagem de que não é merecedora de afeto e de que não possui atributos suficientes para ser aceita em sociedade.

- Ferida da Injustiça - Máscara do Rígido

Essa ferida surge a partir de um ambiente no qual os cuidadores primários são frios e autoritários. Na infância, quando existe uma demanda além da capacidade real da criança, ela pode ter sentimentos de impotência e inutilidade, que pode carregar ao longo dos anos. Em ambientes assim, a criança pode desenvolver um fanatismo pela ordem e pelo perfeccionismo, como tentativa de minimizar os erros e as cobranças.

- Ferida do Abandono - Máscara do Dependente

Um dos medos frequentes nas crianças é o medo da ausência de seus pais, o medo do abandono. A criança, nos primórdios de sua vida, ainda não consegue separar fantasia de realidade, e, por também não conseguir quantificar o tempo, entende que as ausências podem significar abandono absoluto. Não se sente alimentada afetivamente, tornando-se facilmente vítima nas situações (buscando ganhar a atenção do outro).

- Ferida da Humilhação - Máscara do Masoquista

Esta ferida é gerada no momento em que sentimos que os outros nos desaprovam e criticam. Podemos criar esses problemas em nossos filhos dizendo-lhes que eles são estúpidos, maus ou mesmo exagerando em comparações; isso destrói a criança e sua autoestima. Quando adulto, vive buscando dor e humilhação de maneira inconsciente. Sempre com vergonha de si mesma.

- Ferida da Traição - Máscara de Controlador

Uma criança que se sentiu repetidamente traída por um de seus pais, principalmente quando o mesmo não cumpria as suas promessas, pode nutrir uma desconfiança que, mais tarde, pode ser transformada em inveja e outros sentimentos negativos. Quem não recebe o que foi prometido pode não se sentir digno de ter o que os outros têm.

Por não saber como lidar com as feridas emocionais e esses sentimentos, quando adulta acaba encontrando formas de escondê-las e fingir que elas não existem, ao invés de procurar pela cura. Julga-se responsável e forte. Quer ter o controle das pessoas e situações, não gosta de mostrar vulnerabilidade e sofre quando as pessoas não correspondem às suas expectativas.

Hoje eu entendo que o processo não é punição e sim, preparo. Existem segredos,que estão nas raízes que carregamos desde a nossa infância, que precisamos liberá-los, para nos tornarmos mulheres extraordinárias. Essa criança ferida, que teve a visão mudada logo após um trauma ou frustração, que criou modos de enfrentamentos para sobreviver, é refém de um ciclo repetitivo, fazendo ela acreditar que não será feliz, que não tem cura para a sua dor ou não tem mais solução para o seu problema. Esta criança precisa ser liberada e perdoada.

Deus disse: "*Eu vi os seus caminhos, mas vou curá-lo; eu o guiarei e tornarei a dar-lhe consolo*", Isaías 57:18. Ouvi uma frase que muito mexeu comigo, que dizia: "Encontramos cura onde dói!" Onde dói em você?

"*E Jesus, falando, disse-lhe: Que queres que te faça? E o cego lhe disse: Mestre, que eu tenha vista*". Marcos 10:51

Precisamos falar, expor onde dói e com fé alcançarmos a cura desejada. Jesus sabia que Bartimeu era cego e quando Ele fez a pergunta, não era para afrontá-lo e sim, saber do próprio Bartimeu se era a cegueira que doía tanto nele! Do que adianta um cego ver, sem ter felicidade no que está vendo? Abra o coração, identifique as feridas e perdoe-se.

Ao identificarmos as feridas que carregamos, podemos descobrir a origem das dificuldades que enfrentamos de forma recorrente. E, assim, empreender uma jornada de cura, aceitando as experiências do passado e perdoando todos os aspectos de nós mesmos. Aprendemos a não viver mais no passado. Entretanto, algumas atitudes simples também podem ajudar muito durante o processo:

Seja paciente e persistente

Ninguém é forte o tempo todo – e está tudo bem! Afinal, o processo de cura acontece todos os dias. Em alguns dias você se sentirá imbatível. Em outros, cansada e desanimada. Por isso, tenha persistência e acredite que, dia, após dia a mudança virá! Nunca desista de você mesma!

"*Melhor é o homem paciente do que o guerreiro, mais vale controlar o seu espírito do que conquistar uma cidade*". Provérbios 16:32

Priorize o autocuidado

Trabalhar na sua própria cura requer tempo, energia e autocuidado. Por isso, fuja de situações e pessoas que você já sabe que não te fazem bem e escolha estar ao lado de pessoas e lugares que te acolhem com amor e paciência.

"*Afastem-se de toda forma de mal.*" 1 Tessalonicenses 5:22

Processe seus sentimentos e não viva mais de passado! Fingir que as coisas não aconteceram é a pior cilada que alguém pode entrar! Por isso, aceite os acontecimentos, sem dor, curada, para que você possa continuar a sua caminhada sempre em frente. Para contar o que aconteceu comigo nesta obra, precisei falar do meu passado e não viver as dores dele, hoje ele é testemunho para muitas mulheres.

Como diz a escritora Cecilia Meireles: "Aprendi com as primaveras a deixar-me cortar e a voltar sempre inteira."

Vem inteira para o novo ciclo! Samaria te espera!

Você precisa passar por Samaria, sem fragmentos da Judéia.

Pra. Simone Silva

Solange Emerick

Filha amada do Deus pai, a menina dos olhos d'Ele. Vibro na frequência da alegria, gratidão e positividade.

CEO do Instituto Luhsol Treinamentos, treinadora comportamental e sistêmico, *master coach* sistêmico internacional - Instituto Kaercher; graduada em Administração de Empresas - PUC/PR, Programação Neurolinguistica- SB PNL, *master coach* e *positive coach* - SBCoach.

Coach da Gratidão e Gratidão Financeira, palestrante, MBM Bussines Scool, Gestão da Emoção, Inteligência Emocional, mentora e ativadora de mulheres, especialista em networking.

Idealizadora do Projeto Clube das Divas e do Instituto Divas em Ação Semeando a Felicidade - Ação social; cristã e mãe do Lucas.

solangeemerick

+55 (41) 9797-9738

Solange Emerick

Solange_eme@hotmail.com

25 ACREDITAR, CONFIAR E AGIR

POR SOLANGE EMERICK

Eu sou uma mulher que acredita que o impossível não existe. Eu faço o meu possível, porém, o sobrenatural quem faz é Deus. E para que isso aconteça, eu aprendi a ouvir a suave voz d'Ele, acreditar, ter fé e simplesmente entregar. Você já deve ter ouvido ou lido na Bíblia o que o salmista Davi disse: "*Entrega o seu caminho ao Senhor, confia n'Ele e o mais Ele fará.*" - Salmos 37:5

Eu trabalho com mulheres há anos e vejo como elas carregam um fardo pesado que muitas vezes nem é delas. Por que? Para quê? A mulher já nasce com predisposição ao instinto materno, cuidar de tudo e de todos. Mas até que ponto eu, como mulher, devo cuidar e carregar o fardo de outras pessoas? Até que ponto é sobre ajudar e servir ou até mesmo fazer o papel de "Deus" na vida dos outros?

Para cuidar da sua família, dos amigos, do ministério, dos vizinhos, dos filhos e dos parentes, é preciso primeiro cuidar de VOCÊ. OLHAR para você e dedicar tempo com qualidade para se conhecer e saber qual é a vontade de Deus para sua vida. Quando Deus te criou, Ele te fez com talentos, habilidades e um jeito que é só seu, singular. Será que você está usando tudo o que Deus te deu para servir aos outros? Ou para ajudar os outros você passa por cima dos seus valores, das suas crenças e faz coisas que são custosas para você naquele momento, só para agradar e ser aceita, ou ser vista como "boazinha"?

Quando você usa o que Deus te deu de presente, é leve. Quanto mais você se conecta com o propósito d'Ele para a sua vida, mais potencialidade e desenvoltura você terá. E vai agregando, aperfeiçoando, acrescentando e melhorando a cada dia o seu propósito. Você entra em um fluir de conexão, o teu espírito com o Espírito Santo de Deus Todo Poderoso, a fonte que te criou. Você começa a experimentar e vivenciar o sobrenatural de Deus - aquilo que não é natural aos olhos humanos.

Vou exemplificar. Neste momento, enquanto escrevo este livro, estou obedecendo a um comando de Deus, que aos olhos humanos é loucura, mas aos olhos espirituais é ACREDITAR, CONFIAR e AGIR – a ação sempre vem junto com a fé. Recebi o convite para me juntar a outras mulheres incríveis, extraordinárias, servas de Deus para compor esta obra sob inspiração divina. Pensei muito sobre o que escrever, pois tenho incontáveis memórias da minha vida que certamente são fontes de inspiração, crescimento e aprendizado. Porém, quero trazer algo inspirado por Deus e não algo que vem da Solange Emerick. A esse favor, entrei em oração e Deus ministrou algo muito forte para eu compartilhar com você: **cura, libertação, obediência e ação.**

Estou escrevendo no dia 28/05/2023. Cerca de duas ou três semanas atrás, recebi a notícia do diagnóstico de câncer no ovário da irmã do meu filho por parte de pai. Uma pessoa que amo demais, ela é muito amada e querida por todos que a rodeiam, jovem, com toda a vida pela frente, mãe de um menino lindo com apenas 6 anos, esposa de um homem maravilhoso, ela é linda por dentro e por fora.

Além dos sintomas desta doença terrível, ela teve trombose no ovário. A barriga cresceu muito e aí vieram outras complicações, como falta de ar, intestino preso, vômitos, mal-estar e muita dor. Com risco de vida altíssimo.

Têm sido dias intensos de profunda dor para a família e amigos, reflexões, questionamentos e principalmente aprendizados. Estamos aprendendo a entregar de verdade e confiar. Ela estava com os melhores médicos cuidando dela, no melhor hospital do país (somos especialmente gratos por tudo isso) porém, não podemos fazer mais nada além de orar, apoiar e confiar. Nessas horas, não há opção, ou você confia ou confia. Mas, o que essa história tem a ver com o que Deus me determinou para fazer?

ATENTE SEUS OUVIDOS PARA OUVIR A VOZ DE DEUS.
Quando recebi o convite para escrever este livro, no mesmo momento da

notícia do diagnóstico da nossa amada e querida, me propus a estar e orar com e por ela. Em um dia específico, antes de ir até a sua casa, fui tomar um banho no chuveiro e falei com Deus: eu falava com Deus: "Estou indo lá orar, meu Deus, faz o teu milagre na vida dela! O que o Senhor quer nos ensinar?" Eu pedi, com todo o sentimento em meu coração, para ouvir a voz de Deus: "Ministra em mim, Pai, o teu querer, me usa e me mostra qual a sua vontade." e pedi direcionamento para o Espírito Santo do Senhor sobre como orar por ela.

Eu atuo como treinadora comportamental, uso muitas ferramentas em meus treinamentos de alto impacto emocional para o autoconhecimento e desbloqueio de crenças e mentalidade. Deus me mostrou que deveria fazer o exercício de trazer à consciência dela o quanto foi amada primeiro por Deus, (Ele quer que todos possamos experimentar o seu grande amor por nós), que Ele a desenhou com as próprias mãos, a fez com DNA saudável de vencedora, que o plano d'Ele é perfeito, bom e agradável.

E você que está lendo este livro, em qual área da sua vida precisa de um milagre? A expressão "e se" gera dúvida e a dúvida não provém de Deus. A dúvida gera medo e isso desagrada a Deus, pois a sua palavra diz: "*Sem fé é impossível agradar a Deus.*" Se você está passando por um deserto neste momento, pare de pensar e se questionar: "E se o remédio não funcionar? E se meu marido me trair? E se perdermos tudo o que temos nos negócios? E se meu filho for para o mundo das drogas?"

Ao invés disso, declare vida sobre tudo na sua vida! Você nasceu para governar. A Bíblia diz que a palavra tem poder. "*Há palavras que ferem como espada, mas a língua dos sábios traz a cura*", Provérbios 12:18. Declare que seu filho é uma benção, sua saúde é restaurada, seu casamento é abençoado. Profetize e seja benção por onde for! Eu costumo dizer que iluminar a vida das pessoas é viver tão cheio de luz, paz, amor, que você transborda na vida daqueles que convivem e passam por você.

Naquele dia que fui orar, um momento de oração em que sentimos o grande amor de Deus, pudemos contemplar o sentimento de raiva e rancor se transformando em amor, compaixão e complacência. O agir de Deus é lindo na vida de quem é fiel. A fé da irmã do meu filho está ensinando a muitas pessoas que sem fé não há milagres, sem fé é impossível agradar a Deus. Isso é lindo, restaurador e transformador!

Os dias seguiram e criei um grupo no WhatsApp para colocar as pessoas que a amam em movimento de oração. Acredito no poder da oração e todos que ali estão também acreditam. Começamos uma campanha que chamei de "Relógio de Oração" - 24 horas de oração todos os dias, vamos seguir até quando Deus mandar. E aqui chego no ponto do porquê escrevi "ATENTA SEUS OUVIDOS PARA OUVIR A VOZ DE DEUS." Nessa madrugada (28/05/23), falando com Deus, Ele me disse: "Filha, comece a escrever esta história; Eu vou usá-la em lugares que você nem imagina! Nos quatro cantos do mundo, pessoas lerão este livro e ficarão impactadas. Suas vidas serão transformadas pelo poder do Espírito; vidas serão resgatadas e saqueadas da escuridão do medo, das doenças emocionais, doenças físicas, falta de propósito e realização.

Neste livro, as pessoas vão encontrar como desenvolver a fé, confiar, entregar e agir diante de algo que elas ainda não podem ver no mundo físico, mas que no mundo espiritual já está pronto para ser enviado. Só preciso que as pessoas estejam prontas para receber.

Pessoas curadas, Eu as uso para curar. Pessoas libertas, Eu as uso para libertar. É tudo sobre servir a MIM, o Senhor seu Deus e às pessoas. Só quem passa pelo processo e vence através da fé, eu consigo usar como instrumento."

Pela fé, estou escrevendo que Deus vai usar essa história para salvar muitas pessoas.

Mas como desenvolver fé, quando tudo parece acabado? Praticando:

- Reconheça a sua verdadeira identidade em Cristo – faça as perguntas: "Quem sou eu?", "Qual é a vontade de Deus para minha vida?".
- Saiba que Deus cuida e a ama incondicionalmente.
- Saiba viver como filha.
- Comece a se cercar de pessoas que possam te ajudar na área espiritual, em oração, palavras, gestos e atitudes.
- Leia a Bíblia e ore diariamente. Destine um tempo para refletir sobre o que Deus quer falar com você neste momento.
- Veja vídeos, filmes e leia livros de encorajamento, assista pregações do Evangelho.

- Tenha um caderno e todos os dias escreva pelo menos 10 motivos pelos quais você é grato; agradeça, pela fé, o que nem aconteceu ainda no mundo físico, mas que você já contempla e agradeça no mundo espiritual.
- Exerça o perdão como libertação das amarras que te impedem de avançar, de receber seu milagre e sua benção. Lembre-se: libere perdão para o outro e para você. Não querer perdoar é tomar doses homeopáticas de veneno todos os dias. (Querendo que o outro morra, desculpe, mas o outro não vai morrer, já você, tomando pequenas doses de veneno, como vai ficar?)
- Escreva em uma folha de papel e deixe bem visível para que você possa ler a todo momento, O NOME DO SEU MILAGRE. O que você precisa hoje? Seja claro, objetivo e escreva sempre de forma positiva. Leia em voz alta todos os dias, coloque este milagre em oração e escreva no "Caderno da Gratidão" TODOS OS DIAS. Você quer um milagre? Seja você o milagre!

Deus é fiel, bom, perfeito, a sua graça é de graça e nos alcança todos os dias. Se Ele fizer, Ele é Deus; e se não fizer de acordo com as nossas vontades, Ele continua sendo Deus. Ele sabe todas as coisas. Desde antes a fundação do mundo Ele foi, ele É, e sempre será Deus. Vamos viver pela fé, acreditando, confiando que Deus nos ouve e está de braços abertos para nós. Ele nos ama incondicionalmente. Cuide de você, alma, mente, corpo e espírito.

Sobre a cura da nossa jovem amada? A sua fé a curou. Deus está no controle de tudo, está em suas mãos. A Ele a honra e a glória para sempre. Amém!

"Mas em todas estas coisas somos mais que vencedores, por meio Daquele que nos amou. Pois estou convencido de que nem morte nem vida, nem anjos nem demônios, nem o presente nem o futuro, nem quaisquer poderes, nem altura nem profundidade, nem qualquer outra coisa na criação será capaz de nos separar do amor de Deus que está em Cristo Jesus, nosso Senhor." (Romanos 8:37-39)

Quando eu mudo, o meu mundo muda.

Solange Emerick

Tatiane Saraiva

Tatiane, esposa de Cesar e mãe do Gabriel, filha de pastor, secretária executiva.

Filha amada de Deus, desde os meus 11 anos, quando tive um encontro com Ele através de uma Escola Bíblica de Férias. Evangelista de crianças, comecei minha jornada muito cedo, formada pela Aliança Pro Evangelização de Crianças – APEC, impulsionada para meu chamado com crianças e adolescentes.

Hoje, líder de Ministério de Adolescentes e Jovens, com muito amor e dedicação, junto com meu esposo servimos para que adolescentes tenham um encontro pessoal com Cristo e se tornarem colunas de oração para esta geração.

Apaixonada e grata pela minha história, e por tudo que Deus tem nos permitido viver em sua presença, experimento o mover o agir Dele na minha vida, casa e família, me capacitando cada dia mais para o meu chamado.

tatiolivaress

+55 (11) 96865-0926

tatiolivaress@yahoo.com.br

26 VENCENDO A ESCASSEZ

POR TATIANE SARAIVA

"E Sabemos que todas as coisas concorrem para o bem daqueles que amam a Deus..." Rm 8:28

Por muitos anos eu li este versículo me perguntando o que seriam "todas essas coisas" e por que elas cooperariam para o meu bem.

Fui entender que Deus, na sua infinita bondade e misericórdia, faz com que as situações e adversidades nos impulsionem para nosso chamado e propósito pelo qual fomos chamadas e separadas. Aprendi na prática o que o apostolo Paulo quis nos ensinar com esse versículo.

Casada há 24 anos, venho de uma família, que se encontrou com Jesus no início da minha adolescência e Cesar nasceu em um lar cristão. Cada um de nós, em suas caminhadas com Cristo, tínhamos visto várias experiencias com Ele. Com 3 anos de casada e com um bebê recém-nascido, Cesar expressou uma verdade que estava em nossos corações. Ele comentou que estava cansado de contar as experiências das outras pessoas, o que tinham vivido na presença do Pai. Gostaríamos que o Senhor nos desse experiências próprias e que tivéssemos os nossos próprios testemunhos. Diante desta conversa, fizemos uma simples oração:

"Senhor, nos permita vivermos experiências extraordinárias e que o Teu Nome seja glorificado em nós e através de nós."

Em questão de meses ou talvez semanas, começamos a entrar numa fase em que parecia que os Céus haviam ficado de bronze. As portas começaram a se fechar diante de nós, e grande aflição começou começou a tomar conta do nosso coração

Eu trabalhava em uma grande empresa como assistente e meu esposo como motoboy em uma empresa de transportes de documentos, e percorria toda cidade de São Paulo, em meio às marginais, onde havia uma grande estática de acidentes com vítimas fatais, era simplesmente assustador, mas confiávamos que o Senhor o guardava a cada dia.

Mas algo mudou após aquela oração. Dissemos que queríamos experimentar o sobrenatural de Deus, queríamos nossos próprios testemunhos a respeito do amor, cuidado e proteção de Deus. Foi então que meu esposo sofreu um acidente de moto: ele estava em uma das marginais de SP, e acabou sendo atingido por um veículo em alta velocidade. Ele precisou ser socorrido, foi hospitalizado e passou por uma grande cirurgia, onde foi necessário colocar algumas placas metálicas no seu tornozelo e no seu pé direito, o que fez ficar alguns meses sem poder trabalhar.

As mãos e o agir de Deus estava se movendo para nos levar para o propósito. Mas ainda estávamos sem entender o processo, que o apóstolo Paulo revela em 1 Co 2:9: "*...Nem olhos viram, nem ouvidos ouviram, ou jamais penetrou no coração do homem, aquilo que o Senhor preparou para os que o amam*". Como o contrato dele era esporádico, ele só recebia por serviço prestados, e como prestava serviço sem registro, não poder entrar no INSS para receber o benefício de auxílio-acidente. Então começamos a ter alguns problemas financeiros. E apesar da palavra de Deus nos garantir o cuidado Dele e a provisão, o coração o coração estremeceu e ansiedade tomou conta. O interessante é que no mesmo mês em que ele sofreu o acidente, fui demitida da empresa que eu trabalhava, em um corte que teve naquele ano. Não entendemos o motivo pelo qual todas as portas foram fechadas. Com Cesar em casa, ainda se recuperando da cirurgia e eu desempregada, os desafios começaram a aparecer e a escassez bateu à nossa porta.

As contas começaram a acumular, a assistência médica foi cancelada e a dispensa ficou vazia. Pois somente o que eu tinha recebido e o seguro-desemprego não supriam todas as nossas contas. Tínhamos acabado de nos mudar para o nosso primeiro apartamento, comprado em uma cooperativa, que tem suas regras e normas diferentes do sistema financeiro de habitação; com alguns meses de atraso, logo estávamos recebendo um oficial de justiça em nossa porta, com ordem de despejo. Mas críamos na existência de um Deus que era provedor das nossas necessidades, assegurados pela sua palavra, em Salmos 23:1: "*O Senhor é o meu pastor, e nada me faltará*".

Chegamos ao deserto. Literalmente, Deus de alguma forma havia nos levado para lá, permitido que as portas se fechassem. Estávamos vivendo um tempo de escassez. Com um filho de 2 anos, um apartamento financiado, era como se uma avalanche tivesse nos atingido, estávamos sucumbindo. Sabíamos que nosso Deus era e é provedor, mas na teoria. Agora estávamos passando por uma espécie de prova prática, precisávamos do socorro d'Ele. Foi aqui que aprendemos 3 verdades, que nos levaram a vencer e a sairmos vitoriosos do deserto!

1ª - Palavras proféticas

Começamos a profetizar em todo os momentos: "D*eus é bom e sabe o que faz.*", sabíamos da bondade de Deus. Ele jamais nos abandonaria. Ele faria algo extraordinário como sempre fez, pois Ele é o mesmo ontem, hoje e será para sempre. Acreditamos nesta verdade. Embora não entendêssemos o porquê estávamos passando por essa escassez, sabíamos do amor de Deus e somente Ele sabia para onde tudo aquilo iria nos levar. A nossa fé foi aperfeiçoada e aprendemos muito, a despeito desta frase que ficou gravada no nosso coração e se tornou uma palavra profética. Em todas as manhãs olhávamos um para o outro e profetizávamos:

"Deus é bom e sabe o que faz".

Esse processo durou meses, começamos a buscar a Deus para entender qual era o propósito daquilo que nós estávamos vivendo, o que o Senhor queria nos ensinar e o que nós deveríamos aprender com aquela situação. Passamos por situações bem complicadas e existiram momentos que nós não tínhamos absolutamente nada. Acreditávamos que Deus estava forjando nosso caráter, em meios às lutas. E foi neste deserto que aprendemos que deserto também é lugar de adoração, onde conseguimos ver a mão do Senhor esticada em nossa direção; é onde somos tratados, lapidados.

2ª - O poder da oração em conjunto

"*Em verdade vos digo que tudo o que ligardes na terra será ligado no céu*". Mt. 18:18

Aprendemos o princípio de orarmos juntos e experimentamos a fidelidade de Deus revelada a nós. E isso nos fortaleceu como casal, a oração em conjunto revela a nossa intimidade para com nosso cônjuge e para com Deus: orar por por nossas necessidades, confessar nossas fraquezas e agradecer por tudo que estejamos vivendo.

O clamor por nossa casa e família se tornou clamor por vidas que não conhecíamos, pois tínhamos visões durante nossos momentos de orações, de famílias que necessitavam de orações e da intervenção de Deus. Deus fez em nós algo tão extraordinário!

Sofremos uma ação de despejo. Foi preciso entender o que Deus estava no ensinando. Perdemos o que para mim era de muito valor, ter uma casa. E Ele queria nos ensinar o que realmente era valioso. Deus poupou o que realmente importava, que era nossa família. Fomos morar de aluguel e durante um bom período, eu clamava ao Senhor por uma restituição, não aceitava aquela situação, mas havia um silêncio de Deus, mas algumas vezes Ele respondia que entraria com providência. Sabíamos que havia um propósito e aprendemos a viver na total dependência de Deus e experimentamos o poder da oração.

Em uma madrugada de oração, o Senhor nos disse que havia chegado a hora de Ele entrar com a providência, que havia escutado nossas orações e colhido cada uma de nossas lágrimas, nos fez lembrar de coisas que chorávamos aos seus pés. Na manhã seguinte, eu fui contratada pela empresa que trabalho até os dias de hoje e Cesar começou no dia seguinte em um cartório, onde trabalhou por mais de 18 anos registrado.

O Senhor começou a fazer tudo o que prometeu. Era chegado o tempo da restituição e naquele mesmo ano o Senhor, em sonho, me mostrou um lindo apartamento que Ele havia separado para mim. E esse foi o mais lindo de todos os milagres que vivemos, pois havíamos estado no deserto, com contas acumuladas, o nome no SPC/Serasa, sem *rating* no mercado financeiro. Como era possível comprar um apartamento pelo sistema de financiamento?

Tudo que ainda tínhamos era um carro, que não tinha muito valor e o desejo de termos novamente uma casa própria. E aqui aprendi a terceira lição.

3ª - O poder sobrenatural da fé

Tive um sonho que foi uma revelação, o Senhor me deu direções, medidas que seriam confirmadas ao chegar no apartamento que Ele havia preparado para mim. Assim, Deus nos levou a esse lugar, depois de muita procura. Quando entrei em um dos apartamentos para visitar, Ele encheu meu coração e me trouxe à memória tudo que havia me mostrado. Mas não foi fácil, foi preciso ter fé para mover o sobrenatural. Houve uma batalha com o dono da construtora, que não aceitou nosso carro, pois era um carro desvalorizado no mercado e ainda tínhamos a batalha de limpar nosso nome no SPC/Serasa.

Mas eu disse a ele que estava ali pela fé, pois Deus tinha me mostrado em sonho aquele apartamento e eu sabia que pela fé ele seria meu. Eu não tinha como financiar exatamente por causa das restrições, nem tão pouco tinha recursos para limpar meu nome, que tudo que tínhamos era o carro para dar como entrada e parte do pagamento. Neste momento, um dos sócios chegou e disse que o filho dele tinha se encantado pelo nosso carro e que pagaria o preço de tabela por ele. Deus estava fazendo.

O diretor olhou para nós e disse: "Não sei porque, mas vou emprestar o dinheiro para vocês limparem o nome de vocês e então, com o nome limpo, financiamos direto com o banco". Assim, os juros eram menores e podíamos usar o FGTS. Ele frisou: "Não sei porque estou fazendo isso por vocês, pois nem um pai faz isso por seus filhos". Mas a nossa resposta foi: "Deus é bom e sabe o que faz, Ele é nosso pai e está fazendo por nós através de você, Ele está te usando para nos abençoar."

Deus nos restituiu! Contra todas as estatísticas financeiras, limpamos nosso nome, o banco aprovou nosso financiamento e tudo o que perdemos Deus nos acrescentou em dobro. Hoje, vivemos em abundância e temos nossas próprias experiencias com Deus para compartilhar. Ele então nos trouxe à memória a lembrança da nossa oração e hoje podemos dizer que "*antes conhecíamos de ouvir falar, mas agora conhecemos de com ele andar*". Jó 42:5 (adaptado).

Encerro dizendo que não importa a luta que você esteja passando, o cenário que você esteja inserido, a batalha que você esteja lutando ou quanto tempo está no deserto da escassez, Deus é bom e sabe o que faz! E tudo que Ele faz é extraordinário. Você crê nisso?

"*A glória desta última casa será maior do que a da primeira, diz o Senhor dos Exércitos; e neste lugar darei a paz.*" Ageu 2:9

Como conhecer o Deus que faz milagres sem passar pelo deserto? É nas provações que aprendemos o quanto Ele é bom e sabe o que faz!

Tatiane Saraiva

Tauana Dantas

Tauana Dantas, casada com Caio César, mãe de Carolina, Clara e Davi. Empreendedora, palestrante, psicóloga em formação, apaixonada por desenvolvimento humano, ministra das boas novas e mentora de mulheres.

Acredita que nascemos por um propósito e tem se esforçado para cumpri-lo, desse modo tem buscado impactar, impulsionar, treinar e transformar vidas através da palavra de Deus!

É cocriadora do Método Escolha Brilhar, que auxilia mulheres a serem ativadas, restauradas, a brilharem a sua luz e a viverem uma vida com propósito e influência.

Coloco-me à disposição para abençoar a sua vida, através dos contatos:

tauanadantas_

escolhabrilhar

+55 (75) 99249-4999

dantastauana@gmail.com

27 VOCÊ NASCEU PARA BRILHAR

POR TAUANA DANTAS

O Senhor nos criou de modo extraordinário, somos a luz do mundo e nascemos para brilhar, entretanto houve momentos em minha história de vida em que eu ofusquei o meu brilho!

A minha história inicia em Feira de Santana, uma cidade do interior da Bahia. Meus pais ainda eram namorados quando minha mãe descobriu que estava grávida, ela por um breve período optou por esconder a gravidez temendo um aborto, casando-se grávida. Apesar de ter sido uma gravidez não planejada, fui acolhida em um ambiente de muito amor. Vivi uma infância pacífica, desfrutando de um ambiente estruturado o qual me deu condições de desenvolver-me de maneira apropriada.

Por volta dos 8 anos, tive o privilégio de aceitar a Jesus e apesar da pouca idade, decidi buscá-lo com intensidade. Comecei a desenvolver a minha trajetória com Deus, orando, lendo a palavra e dedicando os meus dias ao Senhor! Ainda na infância, em torno dos 10 anos, Deus apontou para mim o meu destino profético, começou a trazer-me visão de futuro e mostrou-me que me levaria às nações. Recebi inúmeras profecias e lembro-me de uma certa ocasião, em especial, em que o Senhor usou uma profeta para dizer a mim que eu moraria fora do Brasil.

Os anos foram se passando e eu fui me engajando no serviço do Reino, gastando toda a minha adolescência aos pés do Senhor. Eu tinha um brilhante desempenho espiritual, pois desde os 14 anos eu já era ministra de louvor e da palavra, destacava-me pelo meu posicionamento, comprometimento e pelas minhas competências e habilidades.

Na escola, sempre fui uma aluna exemplar, obtendo um excelente êxito e sonhando com uma carreira profissional promissora. Sonhava em ser aprovada no concorrido vestibular da universidade estadual da minha cidade e em 2007, esse sonho tornou-se real. Contudo, ao passo que esse sonho se concretizava, aproximava-se o momento de viver o cumprimento das profecias recebidas na infância. O Senhor começou a sinalizar que era chegado o momento de sair do Brasil, mas para isso, renúncias precisavam ser feitas, sonhos e projetos pessoais deveriam ser sacrificados e eu precisaria aprender a lidar com a dor e a saudade de estar longe de casa.

No dia 21 de fevereiro de 2009, desembarquei na Itália rumo ao cumprimento do meu destino profético. Caio, na época, era meu noivo e contentemente me aguardava no aeroporto. Estávamos na iminência do nosso casamento e nos casamos no mês seguinte. Tudo parecia um sonho, eu estava cheia de expectativas, recém-casada, morando em um país desenvolvido e devido às minhas habilidades cognitivas, tive muita facilidade em aprender o novo idioma. Surpreendentemente, aprendi o italiano muito rápido. Todavia, ao passar do tempo, a alegria cessou e comecei a sentir-me triste, vazia, angustiada e sem esperança de futuro! Sentia-me um peixe fora d'água. Embora soubesse que tivesse sido a vontade de Deus que me conduzira até àquele país, sentia uma enorme vontade de regressar ao Brasil.

Diante disso, passei a desenvolver insônia de manutenção, onde eu acordava durante a noite enquanto meu esposo tranquilamente dormia ao meu lado, eu silenciosamente chorava e pedia a Deus que desse um fim em minha vida pois eu não estava suportando ter de lidar com a dor da frustração.

Apesar de estar vivendo na Itália, a minha mentalidade estava atravessada pelos padrões culturais do Brasil, que praticamente ditam para nós que só somos relevantes se temos no mínimo uma graduação, um diploma e uma profissão de sucesso. E isso ressoava fortemente dentro de mim! Eu estava vivendo o luto de ter sepultado a minha graduação e a minha tão sonhada carreira de sucesso. Com isso, paralisei-me, fiquei nostálgica e ancorada ao que deixei para trás, sabotando desse modo o meu brilho.

Desanimada, desesperançada, permiti que as minhas emoções tomassem o governo da minha vida, passei a viver no piloto automático, esquecendo-me que o Senhor me criou para brilhar. Os meus pensamentos diziam para mim a todo instante que eu havia fracassado na vida por não ter uma graduação e uma profissão promissora, e eu me agarrava a crenças como essa, que me faziam sentir-me incapaz e inútil.

Eu estava dominada por uma sensação de inutilidade e repetidas vezes fiz a mesma oração: "Senhor, mata-me, pois não tenho mais vontade de viver." Estava como o profeta Elias que, diante da ameaça de Jezabel, clamou a Deus para morrer. Eu estava atravessando uma terrível crise existencial e vivendo sem propósito. Porém tudo mudou quando vivi uma intensa experiência com Deus.

Por volta do mês de agosto de 2009, eu estava voltando do trabalho, era uma estrada estreita e sinuosa, quando na última curva eu perdi o controle do carro, que começou a rodar desgovernado, tal qual a minha vida emocional. Naquele momento, eu descobri que eu não queria morrer e diante da iminência da morte, eu gritei: "JESUS!". Milagrosamente, o carro parou e eu saí ilesa. Recebi um grande livramento e ensinamento!

Daquele dia em diante nunca mais pedi a Deus para morrer, antes, passei a entender que Deus me levou até àquela nação, não para matar os meus sonhos, mas para o cumprimento de uma missão. Quando eu me rendi ao meu propósito de vida e entendi que o Senhor havia me levado até aquela nação para tocar, transformar e impulsionar vidas, foi que eu encontrei o meu sentido de viver! Finalmente eu havia voltado a brilhar! Havia voltado a vislumbrar o meu destino profético e com os planos de Deus para a minha vida. Passei a sentir a paz que excede todo o entendimento e a permitir que o Senhor cumprisse a sua boa, agradável e perfeita vontade em mim.

Compreendi que eu não precisava de um diploma de graduação ou de uma profissão relevante para brilhar no meu propósito, pois não são as minhas habilidades que transformam vidas, mas o fluir do Espírito Santo. Convenci-me da verdade libertadora que eu nasci para BRILHAR, para viver uma vida extraordinária e influente. Parei de olhar para o que faltava em mim e me completei em Deus. Passei a viver com intencionalidade, sabendo o motivo pelo qual eu estava naquela nação e o como eu deveria exercer a minha missão.

Foi a partir desse momento, quando a minha vontade se encontrou com o propósito de Deus, que passei a desfrutar de uma vida plena. O Senhor me conduziu ali para brilhar em meio às trevas, para ser luz na escuridão em meio a um país marcado pela idolatria e pela opressão.

Ao todo, foram 10 anos vividos na Itália, aprendi a língua, a cultura, vi meus filhos nascerem, fiz amigos, discipulei e servi ao Senhor com alegria. Contribuí para o crescimento do Reino naquela nação, coloquei-me à disposição do meu Deus e permiti que Ele me usasse como um instrumento em suas mãos. Uma década que mudou a minha vida, não sou mais a mesma. Aquela nação foi a minha escola de profetas! Aprendi a servir, a amar, a cuidar, a perdoar; amadureci, cresci, chorei e sorri.

A Itália foi a oportunidade que Deus me deu para me fazer recomeçar e voltar a brilhar. Nesse país, Deus foi o meu garimpeiro, encontrou-me ainda sob a forma de uma pepita, em meu pior momento, coberta pela sujeira da frustração e com o meu brilho já ausente. Contudo, a minha condição não anulou a minha essência.

Ao me encontrar naquela condição, permitiu que eu passasse por processos para a minha purificação. Lavou-me e provou-me no fogo para a remoção das impurezas e derretimento do ouro puro. E em meio a esse processo de fusão, tornei-me ouro puro e maleável, o que aparentava ser o fim da pepita, foi na verdade o final de uma fase para início de outra, onde deixei de ser uma pepita bruta e passei a brilhar como ouro valioso.

Provérbios 4:18 afirma que: "*A vereda dos justos é como a luz da aurora, que vai BRILHANDO mais e mais até ser dia perfeito*". De acordo com o dicionário, a palavra "aurora" significa "nascer do sol", "o raiar do dia", "amanhecer". Esse termo tem relação direta com a palavra em latim "*aurum*" que significa ouro. Assim, compreende-se uma equivalência entre o brilho do sol ao nascer e o brilho reluzente do ouro, o que concede à palavra "aurora" o significado de "a que brilha como ouro". Dessa forma, tenho a certeza de que Deus nos projetou para termos uma BRILHANTE trajetória aqui na terra. Entretanto, alguns passos foram fundamentais para que eu me posicionasse para brilhar:
1. Conhecer a vontade de Deus para a minha vida;
2. Ser constante nas disciplinas espirituais: jejum, oração e leitura da palavra;
3. Desenvolver o autoconhecimento, o que me possibilitou identificar as

minhas potencialidades, habilidades, limitações, crenças e a regular as minhas emoções;

4. Identificar os meus pensamentos disfuncionais: "*Porque, como imagina em sua alma, assim ele é.*" (Pv. 23:7) Por vezes, os nossos pensamentos ditam quem somos, fazendo-nos esquecer a nossa verdadeira identidade. Os pensamentos disfuncionais são formas de pensar que nos fazem ver a realidade de modo distorcido. Para livrar-me desses pensamentos, sujeitei a minha mente à mente de Cristo e vivi uma metanoia;
5. Selecionar os ambientes e as pessoas com as quais me relaciono;
6. Livrar-me do passado;
7. Não ter medo de ser quem sou;
8. Não me comparar!

Desse modo, eu quero te encorajar a acreditar que você nasceu para BRILHAR. Ainda que você se encontre atravessando um processo sombrio, assim como eu vivi, lembre-se, os processos não ofuscam o seu brilho, mas te lapidam para brilhar intensamente e te fazem viver o propósito. Te convido a brilhar sendo quem Deus te criou para ser, viva a sua vida, a sua história e a sua trajetória! Você não é o que homens projetaram para você! Você não está aqui para corresponder às expectativas alheias! Deus te criou de um modo extraordinário e único para que VOCÊ BRILHE SENDO VOCÊ!

Você carrega dentro de si um potencial que foi liberado pelo próprio Deus. Ele te deu habilidades, inteligência e conhecimento para que você possa desenvolvê-los! Não aceite viver na mediocridade, mas, esforce-se para viver uma vida de excelência explorando ao máximo quem você é, pois você nasceu para BRILHAR!

Você não está aqui para corresponder às expectativas alheias! Deus te criou de um modo extraordinário e único para que VOCÊ BRILHE SENDO VOCÊ!

Tauana Dantas

Te Moraes

Te Moraes (Terezinha Moraes dos Santos). Mãe, esposa, avó da Giovanna, cristã. Apaixonada pelo ser humano.

Professora, psicopedagoga, com MBA em Gestão de Pessoas. Consultora, *master coach* em imagem pela France Imagem Coach (FIC), KidCoach - Rio Coaching, certificada em Parent Coaching, na The Parent Coaching Academy (UK). Coautora do livro Coaching Para Pais (volume I e II) e coautora do livro Ativação - 15 Histórias Para Mudar Sua Vida.

Especialista em pessoas, com Tiago Brunet. Palestrante internacional e empreendedora Hive.

Propósito: Realçar a beleza, cuidar da imagem e desengavetar sonhos das mulheres, nos 4 cantos do mundo, para serem protagonistas de suas histórias.

temoraesoficial

coachtemoraes@gmail.com

28 ESCOLHIDA

POR TE MORAES

Escolhida! Sim! Antes de estar no ventre da minha mãe, já tinha sido amada e escolhida por Deus.

Eu verdadeiramente me sinto filha amada do Abba. Sou uma improvável que está dando certo e quero que todos percebam que há um Deus em minha vida, que a luz de Jesus que brilha do meu interior seja mais intensa que a luz da Torre Eiffel de Paris e que da minha boca saiam palavras de sabedoria, vindas diretas do trono de Deus, conduzidas pelo Espírito Santo, para edificar vidas que cruzarem meu caminho. Uau! Como diz Dirce Carvalho: ouse governar! Me sinto uma governante pronta para viver todas as promessas que Deus tem pra mim. Vem comigo e você vai entender o porquê me sinto verdadeiramente escolhida e amada por Deus.

Minha vida em si é um milagre. Nasci com 1,5kg. Meus pais esperavam um menino, nem nome tinha, minha irmã escolheu o meu nome. Terezinha em homenagem à santa, a roupa não serviu, teve que ser recortada. Tive convulsões até os 4 anos, sendo desenganada. O dia em que nasceu o meu irmão Ed, o tão esperado menino, as convulsões cessaram. Quando eu tinha 6 anos, minha irmã se casou e foi embora, eu chorei tanto que ela deixou comigo o batom que tinha usado.

Sou canhota e fui a primeira aluna do meu pai a ser alfabetizada com a mão esquerda, autorizada pela Secretaria de Educação e Cultura. Aos 9 anos, quis muito aprender tricô e crochê e fui desafiada a aprender com a mão direita, fiz minha primeira saia de crochê e minha primeira blusa de tricô. Sem entender de cores, eu sabia que as cores laranja, verde e marrom realçavam a minha beleza. Cada vez que eu pedia uma peça, eu pensava nas combinações que eu poderia fazer, precisava formar pelo menos 3 novos looks com a peça nova.

Até os 12 anos vivi em um lugar sem luz elétrica, sem geladeira e sem tv. Fui aluna do meu pai até a 5ª série e queria muito estudar. Mais uma vez, minha determinação foi tão grande que depois de repetir dois anos a 5ª série, meu pai decidiu vender o pedaço de terra no distrito de São Tomé e mudarmos para a cidade, Soledade/RS, para eu e meus dois irmãos podermos estudar. A borracha que ele me deu na 6 série, terminei minha primeira faculdade.

Aos 9 anos, já sabia que queria ser professora, aos 12 tinha certeza de que queria ser professora de ciências e matemática. No dia que meu pai se aposentou, eu comecei a dar aula. Amava cada aluno e me identificava com aqueles que tinham problemas, com os menos favorecidos e sempre os desafiei a serem melhores. Aos 20 anos, me casei, tive dois filhos maravilhosos (minhas joias mais valiosas,) depois de 12 anos casada, ocorreu a separação.

Anos mais tarde, conheci o Pedro, meu marido, quando ele se apresentou me disse: "Meu nome é Pedro Neri, mas todos me chamam de Neri". Eu olhei dentro dos olhos dele e disse: "A partir de hoje você será o Pedro". Naquela mesma noite, ele me disse: "Tudo o que meus olhos viram, eu gostaria que os teus vissem". Só falta Las Vegas! De 08/01/99 até hoje, nunca ficamos um dia sem nos falarmos.

Em 2000, Deus nos levou para Hong Kong. Aquela menina que até os 12 anoṣ não tinha luz elétrica, Deus permitiu morar em um dos maiores centros financeiros do mundo. O plano do Pai era gigante para a minha vida. Larguei 21 anos de escola pública no Rio Grande do Sul e fui ensinar português em HK para estrangeiros que tinham negócios no Brasil ou trabalhavam em grandes empresas brasileiras como: Vale, Itaú, BTG Pactual. Também desenvolvi um projeto: "Aprenda falar português brincando com a tia Te", para crianças filhas de mães brasileiras e pais estrangeiros.

A minha experiência mais linda foi em 2008, quando o Itaú cancelou as aulas de português por decisões administrativas. No dia seguinte, liguei para o meu filho mais novo, que estava no Brasil, contei o ocorrido e ele me respondeu: "Mãe, fica tranquila, quando Deus fecha uma porta é porque ele tem uma melhor pra abrir para você". Isso era uma quarta-feira. Na sexta, viajamos para Bali, com escala em Singapura. Aproveitei para abrir meu e-mail e tinha uma mensagem: "Recebemos seu contato através do consulado brasileiro e precisamos de aulas de português para 19 funcionários da Vale Inco, em Hong Kong". Na segunda-feira seguinte, eu estava dando aulas na Vale. Deixei de ganhar 12 mil hkd (moeda local) por mês e o Pai me presenteou com 36 mil hkd, um contrato de 6 meses.

Mas o maior presente estava por vir: meu encontro com Jesus. Sim, aceitei a Jesus do outro lado do mundo através do diretor da Vale, meu aluno australiano. Na primeira aula, o David me perguntou: "Onde você mora, Te?" Respondi: Island Place . Ele disse: "A minha igreja é na frente do seu prédio". "Como assim? Nunca vi igreja lá!". E ele falou: "A International Christian Assembleie (ICA)". Na aula seguinte, disse: "Te, vai ter um jantar na minha igreja na quinta e eu gostaria que você fosse comigo e minha esposa Michele". Aceitei o convite porque ele era o diretor da empresa.

Fui, e chegando lá, era o lançamento do curso Alpha, o "bê-a-bá" de quem é Jesus para pessoas que nunca tinham ouvido falar d´Ele. Não deu outra, aceitei a Jesus como Senhor e Salvador da minha vida e em novembro de 2008 fui a primeira brasileira a ser batizada na ICA. Toda as quartas à tarde tinham encontros de mulheres na minha casa e vinha um pastor de Macau ministrar, várias mulheres aceitaram a Jesus lá. Depois ganhamos uma sala na ICA.

Me conectei com Deus e de lá pra cá minha oração é: "Jesus, quero fazer o que o Senhor quer que eu faça, eu quero ir aonde o Senhor quer que eu vá, eu quero ser o que o Senhor quer que eu seja, eu quero que a sua vontade seja a minha vontade". E a partir do ano passado, eu incluo na minha oração: "Jesus, eu quero ser amiga dos amigos de Jesus." Vivendo na Ásia, aquela menina que não teve enxoval, teve oportunidade de conhecer e usar diferentes marcas. Tive o privilégio de vender pedras brasileiras e fazer joias, peças únicas pensadas por mim, feitas por um ourives. Amo saber que assim como cada mulher é única, ela merece ter uma joia única também.

Preciso falar de um milagre: em 1999, eu retirei um cálculo renal do meu rim e guardei, porque sabia que Deus iria transformar esse cálculo no meu primeiro diamante. E acreditem ou não, a maioria das peças pensadas por mim tem diamantes. Ensinando português no maior centro financeiro de HK, observava a imagem das pessoas no elevador e começou despertar o desejo no meu coração de estudar consultoria de imagem e ajudar as pessoas cuidarem da sua imagem. Acredito que nossa imagem é o cartão de visitas mais valioso. Pedi a Deus orientação, porque eu não queria qualquer curso mas sim, o indicado por Ele. Recebi um e-mail sobre um curso e no final tinha este versículo bíblico: Romanos 12:2. Era o curso que eu tinha pedido a Deus.

Fiz consultoria e *coach* em imagem pela France Image Coaching. Fiz com praticamente todas as nacionalidades e não cobrava. Fiz com membros da ICA HK e com mulheres cristãs em Macau. Hoje eu entendo que estava semeando, agora começo a colher frutos. O desejo do meu coração é realçar a beleza, cuidar da imagem e desengavetar sonhos das mulheres no mundo. Nós somos lindas aos olhos do Pai, somos à imagem e semelhança do Criador. Deus nos fez com uma forma única, nossa impressão digital é única, a íris do nosso olho é única, o nosso DNA é único. Portanto, nunca se compare a ninguém, compare-se a você mesmo e seja cada dia a sua melhor versão. Eu amo HK, pois foi lá que eu encontrei Jesus.

Em setembro de 2013, ficamos sabendo que a empresa queria que nós retornássemos ao Brasil e eu pedi ao Pedro para não comentarmos com ninguém, eu acreditava no milagre de nós continuarmos morando lá. Só contei para a minha líder e ela se comprometeu de orar comigo toda as quintas-feira. Cada vez que a gente comprava um móvel, eu pensava: Deus vai nos dar um apartamento maior aqui em HK.

Na noite de 4 de dezembro de 2013, eu não dormi, meu coração doía...às 6h da manhã, ouvi um barulho no meu telefone, olhei e estava escrito: "Pastor Ed", lembrei que era o aniversário dele. Levantei-me, preparei um bolo com bananas caramelizadas que ele adora. As 8h, liguei para a minha líder e falei do aniversário e que o bolo estava pronto. Quando ela chegasse iríamos levar o bolo no escritório da igreja. Ela me disse: "Te, vai lá e entrega. Meu marido está em casa, quer almoçar comigo e eu disse que nós não podemos quebrar o propósito de orar, daí ele vai me levar aí às 11h, mas as 11h15 eu tenho que estar de volta". No horário combinado, minha líder chegou e eu chorei muito. Ela me disse: "Te, pede uma palavra para Deus". Abri a Bíblia em Marcos 15, mas eu disse que não estava falando comigo. Perguntei a ela se ela poderia tirar, ela respondeu que sim.

Ela tirou Números 14 e quando ela começou ler, foi como se Jesus tivesse arrancado toda aquela dor do meu coração, eu ria, chorava e dizia a ela: Estou pronta para irmos, nossa terra prometida é o Brasil! Pois o Pedro dizia que não queria voltar de bengala, que queria curtir os netos. E hoje temos nosso milagre, nossa amada neta Giovanna, filha da minha enteada, aliás minha filha do coração.

Quando eu e Pedro nos casamos, ele me disse: "Vamos somar, você tem o Vanderson e o Tiago e eu tenho a Gabriela e o Leandro. Juntos, temos 4 filhos e a nossa princesa Giovanna". Quando o Pedro chegou em casa à noite, eu disse: "Paixão! Estou pronta para voltar. Deus falou comigo através de Números 14".

Então de 5/12/2013 a 27/1/2014, foram os dias mais felizes que Deus nos permitiu viver em HK. Na nossa festa de despedida, dia 26/1/14, nossos amigos perguntavam o que aconteceu para eu estar feliz em voltar, se amava tanto HK, eu só dizia: "Leiam números 14". Retornamos ao Brasil, moramos 3 anos em Londrina/PR e há 6 residimos em Itapema/SC. Há 5 anos, em uma igreja, ouvi de um pastor: "Você pediu que Deus falasse contigo e Ele manda te dizer que onde você foi humilhada, Ele te dará dupla honra". Eu estou vivendo o melhor momento da minha vida. Tenho certeza da minha identidade, sou filha amada do Pai, ouso governar porque nasci para vencer. Tenho uma agenda com Deus até os 90 anos, vou andar nos 4 cantos do mundo realçando a beleza, cuidando da imagem e desengavetando sonhos das Princesas do Senhor.

Em dezembro de 2022, Deus me levou para palestrar em Paris. O desejo do meu coração é que a luz de Jesus brilhe em você com mais intensidade do que a luz da Torre Eiffel. Acredite! Assim como eu, você também é escolhida! Nasceu para vencer!

Você nasceu para vencer, desengavete seus sonhos e impacte vidas com o seu propósito.

Te Moraes

Vanessa Silva

Sou Vanessa Silva, tenho 43 anos, filha amada de Deus, casada com José Neto e mãe de Gustavo, soteropolitana, livre em Cristo pra viver minha verdadeira identidade.

A cada dia, mais convicta do meu valor e propósito, ajudo pessoas a potencializarem seus resultados através do autoconhecimento e governo das suas emoções.

Master coach integral sistêmico, analista comportamental, bacharel em Nutrição pela UFBA.

vanessasilva_vip

vanessawzd@outlook.com

29 VIVENDO O PRESENTE SOB A ÓTICA DO AMOR DE DEUS

POR VANESSA SILVA

"Como assim, viver pela fé é experimentar o favor de Deus e sorrir para o futuro?"

Esta era a pergunta que eu me fazia, até receber uma chave poderosa logo após sentir que tinha perdido as forças e me joguei nos braços do Pai, reconhecendo como filha a total dependência d'Ele diante dos desafios da vida.

Desde a minha infância, sempre fui muito validada pelos meus pais como uma menina inteligente, ousada e capaz, e isso me fez crescer acreditando no meu potencial, confiante e disposta a "pagar o preço" para alcançar meus objetivos e realizar meus sonhos. Imagino que você deve estar se perguntando o que há de errado nisso. Pois é, não há nada de errado em ter crenças de capacidade positivas e eu amo, honro e sou grata aos meus pais que, por muitas vezes, acreditarem mais em mim do que eu mesma.

Até os 18 anos vivi em Muritiba, uma cidade do interior da Bahia e, ao passar no vestibular, me mudei para a capital, onde morei com uma outra estudante de Nutrição que hoje é minha cunhada. Costumo dizer que escolhi esse curso para ser apresentada a Cristo através da vida dela e, ainda me casar com seu irmão. Só tem um detalhe: tanto solteira, quanto depois de casada, eu não compreendia muito bem como era esse "descansar em Deus" que eles se referiam e viviam. Cansei de passar a noite acordada, contemplando o sono tranquilo do meu esposo, independente da situação.

Por muitos anos na vida cristã, eu declarava que reconhecia o cuidado de Deus e que descansava n'Ele, mas não me permitia sair do controle, controle esse que eu achava que tinha! A verdade era que, inconscientemente, eu depositava a minha dependência na força do meu braço e, por isso, apesar de não ceder às adversidades, com o tempo eu comecei a questionar a Deus porque pra mim era sempre tão difícil e mais pesado. Assim, comecei a, num processo de fuga, adormecer aquela menina "arretada" que tinha brilho nos olhos, porque ainda havia dentro de mim uma crença miserável que condicionava toda e qualquer conquista à dor, ou seja, fazer o que precisava ser feito não soava como amor-próprio e sim, como sacrifício.

Quando iniciei meu processo de autoconhecimento, eu me dei conta de que eu não sabia jogar o "jogo de gente grande" que o Paulo Vieira tanto falava, pois, mesmo diante de tantas realizações, eu sentia que faltava algo dentro de mim. Entre um curso e outro, uma ficha e outra ia caindo, e eu seguia na busca incessante por cada peça do quebra-cabeça, pois de uma coisa eu não abria mão: a minha vida precisava fazer sentido e eu merecia desfrutar do que o Senhor reservava para mim.

Vivendo as ferramentas e desenhando a minha visão positiva de futuro, eu me sentia temporariamente mais perto daquela realidade, mas, apesar de iniciar a jornada super empolgada, eu não tinha compreensão sobre a relação do mundo espiritual e minhas emoções. A falta desse alinhamento fazia com que eu me sabotasse no primeiro tropeço e logo eu acabava retornando para o ponto de partida, só que a cada retrocesso eu me sentia mais impotente para reiniciar. E assim, o próximo nível parecia estar além do meu alcance!

A cada circunstância desafiadora, muitas delas no início do dia, eu já remetia à ideia de que eu estava lutando sozinha contra o mundo, a minha leitura era que tudo acontecia para que as coisas não ocorressem como planejado e eu não me aproximasse do que Deus havia reservado para mim. Por mais que eu não admitisse, porque achava injusto alguém julgar assim, essa historinha nutria uma vitimização e retroalimentava o sentimento de fracasso e sobrecarga, ao invés de gratidão.

Certo dia, após chegar do trabalho, enquanto jantava, comecei a compartilhar com meu esposo sobre meu dia a dia, dizendo que eu não tinha dúvida sobre o chamado de Deus na minha vida, mas, que eu estava no meu limite e precisava discernir sobre o que Ele queria de mim com tanta "provação", porque eu não aguentava mais aquela sensação de sobrevivência. Fui dormir e no meu momento de devocional, no dia seguinte, li dois versículos que provavelmente você já ouviu e eu já os conhecia, mas, dessa vez, eu tomei posse da verdade neles contida, isso me fez virar a chave e sair do lugar que limitava minha visão. Aquela palavra revelou ao meu coração o ajuste que eu precisava fazer para tornar leve a jornada e me dei conta de quanto tempo perdi e quanta energia desprendi tentando compreender os fatos, ao invés de confiar no amor e cuidado de Deus comigo, nos mínimos detalhes.

Um destes versículos está em Romanos 8:28 e diz assim: "*Sabemos que todas as coisas cooperam para o bem daqueles que amam a Deus, daqueles que são chamados segundo o seu propósito.*" A decisão de trazer à memória essa verdade para ressignificar as situações do cotidiano, além de me surpreender com o agir de Deus, me fez sentir Sua presença ao meu lado de forma expressiva e real. Isso mesmo, muitas vezes como nosso olhar está na dor, não percebemos o amor de Deus nos ensinando, nos aperfeiçoando nas nossas fraquezas, para forjar a nossa base e nos entregar o que Ele tem para nós.

Vou compartilhar contigo alguns exemplos simples, de como eu iniciei esse exercício de ressignificar as situações de forma a viver a certeza desse versículo.

Certo dia, estava gravando uma mensagem de áudio no WhatsApp para responder a um cliente, quando uma colaboradora me interrompeu e acabei perdendo o que havia falado. Parece bobo, mas, para mim, ter que falar tudo novamente era algo que já me chateava, diante do tempo e das demandas que ainda me aguardavam. Logo, lembrei-me do versículo acima, o declarei pra mim mesma em voz alta e, ao olhar pra ela fazendo menção de atendê-la, ela sorriu sem entender nada! Expliquei que, provavelmente eu ia dizer algo e o Senhor havia a usado para me impedir de enviar a mensagem daquele jeito. Após alguns minutos, percebi que aquela resposta era uma oportunidade de ao invés de reverter um cancelamento, dobrar o faturamento, como aconteceu.

"*Quando gerenciamos nosso estado presente (pensamentos, palavras, sentimentos e comportamentos), nos tornamos capazes de direcionar com grande margem de acerto nossa vida na direção desejada*". Paulo Vieira – O Poder da Autorresponsabilidade.

Após um período utilizando esta estratégia, o inimigo da nossa alma percebeu que eu estava em sinal de alerta e tentou atacar as minhas emoções com dois golpes baixos e apelativos em um intervalo de tempo curto, para me confundir quanto a minha identidade, e valor pois, enquanto eu afirmava que era filha mimada de Deus, eu vivia uma sequência de situações que ativavam um gatilho emocional bem desafiador referente à necessidade de sentir-me amada e aprovada com atos e palavras. Ah, confesso que essa experiencia doeu muito, muito mesmo, até o dia que consegui aplicar novamente a verdade da mesma palavra e a ficha caiu.

A princípio questionei a Deus, até que Ele trouxe clareza de que essa exposição estava sob Seu controle e era pra reafirmar mais uma vez que eu sou e dependo d'Ele, que a minha "botija" estava no tanquinho de amor errado e eu precisava me posicionar pra receber e me surpreender com o Seu melhor.

Ter os pensamentos de Deus nos dá o tipo de atitude que precisamos para ter êxito na dimensão espiritual e natural. Esse tipo de atitude nos mantém seguindo em frente, quando os cuidados do mundo, as pressões da vida e a economia tentam nos limitar e nos derrotar. Ela nos mantém seguindo em frente, quando todos ao nosso redor estão dizendo que não podemos ter o que Deus disse na Sua Palavra que podemos ter. Essa atitude diz: "*Quando olho para o que está acontecendo ao meu redor, a única coisa que considero é o que a Palavra de Deus diz!*". Kennety W.Hagin – Crie o Mundo que Você Quer Ver.

Nós colocamos nosso coração no que escolhemos olhar e nossa alma reflete essa visão, seja ela positiva ou negativa. É sobre isso que o segundo versículo que trago aqui vem nos ensinar. Eu tenho o hábito de ler o livro de Provérbios quase diariamente, grifar um versículo e trazer para minha vida um aprendizado. O último capítulo sempre me chamou a atenção e me sinto tão desafiada por essa Palavra que já pensei assim: "Ainda bem que nem todo mês tem dia 31, porque ainda me acho muito distante da descrição dessa mulher virtuosa".

Desculpe-me se você se escandalizou, mas não estou negligenciando o conteúdo, pelo contrário, reconheço o cuidado do Senhor conosco a cada instrução, mas confesso que muitas vezes me senti e ainda me sinto constrangida.

Como relatei antes, em um dos meus devocionais, depois da reflexão em Romanos 8:28, o Espírito Santo me trouxe Provérbios 31:25, que diz: "*Reveste-se de força e dignidade, sorri para o futuro*". Como foi logo em seguida, dessa vez a minha reação foi de que eu havia acabado de receber a mesma verdade de outra forma, pois a base de ambos os versículos acima citados é a convicção de que o controle está nas mãos de Deus e, por isso, a mulher descrita aqui, além de renovar suas forças e não se deixar abater, descansa n'Ele e age com sabedoria em direção às Suas promessas.

Desde então, ao perceber qualquer situação adversa, eu decidi sair do papel de vítima sofredora e, em posse e uso da palavra de Deus, me posicionar como heroína aprendiz, colecionando o que muitas vezes chamei de *downloads* do Céu.

Depois de contar um pouco sobre minha experiência, quero te convidar a abrir seus olhos para o que há de bom em meio às adversidades, identificando nelas as oportunidades de usar seus dons e talentos, descobrir novas habilidades e caminhos e, sobretudo, contemplar os milagres de Deus. E aí, topa o desafio?

Vamos lá, é um exercício rotineiro simples e acredito que vai te ajudar!

Ao acordar, respire fundo, pausadamente, enquanto visualiza seu novo dia e comunique a sua alegria e gratidão diante dele. Logo depois, separe no mínimo um versículo bíblico e, em posse da verdade contida nele, declare-a diante das circunstâncias no momento em que for necessário, atento ao que o Senhor quer te revelar e surpreenda-se!

Em Deus, você já tem o que precisa, então sorria para o futuro!

Eu decidi sorrir para o futuro!

Vanessa Silva